공생을 위한 인적자원관리

역할급 설계방법과 사례

FMASSOCIATES BUSINESS CONSULTING 신재욱 · 김광우 지음

기업경쟁력은 올리고, 고용안정은 확보하고, 일자리는 늘리는 대한민국 기업의 미래 보상전략

pnc publishing and culture
피앤씨미디어

시작하는 글

이런 상황에 있는 분들께 이 책이 도움되기를 바랍니다.

- 매출액 대비 인건비 비중이 큰 산업일 때
- 사업규모가 커지지 않고 상위 직책의 수가 그대로이거나 줄어드는 상황일 때
- 연공급 위주의 제도에서 탈피하고 싶지만 그렇다고 어려운 직무급을 도입하자니 갑갑할 때
- 연공서열에 따른 인건비 상승을 방지하고 인건비 총액을 관리해야 하는 상황일 때

다만, 주의할 것이 있습니다. 역으로 말하자면, 꾸준히 성장하는 산업인 경우에는, 본 책에서 소개하는 역할급을 굳이 도입할 필요가 없습니다. 매출과 수익의 증가가 인건비 증가분을 충분히 감당할 수 있기 때문입니다.

이 책은 최근 3년간 월간인사관리에 썼던 기고문, 3년간 고용노동부 주관 장년고용포럼에 참석하며 보고 들은 내용과 작성 토론문, 서울대학교 경영대학 CHRO 과정에서 사용했던 강의안, 2년간 노동연구원 주관의 임금실무 연구회 발표 및 토론문, 각종 임금컨퍼런스 및 강의안,

프로젝트 내용 등을 활용하여 엮었습니다. 딱딱한 내용을 최대한 쉽게 전달하기 위해 옆에서 조곤조곤 이야기하는 형태로 서술하였습니다.

역할급에 대한 이해를 쉽게 하기 위해 야구의 투수를 예로 들어 보겠습니다. 최근 프로야구를 보면 [선발투수]부터 [배팅볼 투수]까지 여러 가지 역할을 가진 투수들이 있습니다.

각자 다른 역할을 맡고 있는 투수들에게 똑같은 책임 수준과 똑같은 기대, 그리고 똑같은 보상을 주어야 할까요? '역할', '역할등급', '역할급'에 대한 기초적인 고민은 여기에도 존재합니다.

우선 이 투수들의 역할을 정하기 위해 역할등급체계를 마련합니다. 투수의 역할등급을 정하는 기준으로 [승패에 가장 영향을 주는 역할]을 설정하고 이를 바탕으로 서열을 만들어 봅니다. 그래서 P1등급부터 P4등급까지 역할등급을 설정하였다고 하지요.

P4등급은 승패에 직결되는 역할(승리에의 공헌도가 큰 역할)로서 선발투수, 마무리투수가 이에 해당됩니다. P3등급은 시합의 흐름을 유지하고 승패에 간접적으로 공헌하는 역할로 정의할 수 있습니다. 중간계투투수, 원포인트 릴리프 투수가 해당됩니다. P2등급은 승패에 직접적으로 거의 관계없이 주요 투수의 전력 소모를 회피하게끔 등판하는 역할입니다. 게임이 지고 있을 때 등판하는 패전처리투수, 이른바 추격조가 이에 해당됩니다. P1등급은 시합에서 등장하지 않는 연습 위주의 투수를 말합니다. 배팅볼 투수가 해당됩니다.

한 가지 더 유념할 것은 역할등급을 설정할 때는 앞서 언급한 것처럼 각 역할에서 기대하는 내용을 명확히 하기 위한 정의를 내려놓는 것도 중요하지만, 팀 내의 자리(Post)가 한정되어 있다는 사실에도 역시 주목해야만 합니다.

각 투수는 감독으로부터 역할을 지시 받으면, 자신이 담당하는 역할을 근간으로 역할등급이 결정됩니다. 투수들은 감독으로부터 역할 변경을 지시 받아야만 역할등급이 바뀌게 됩니다. 예를 들어, [중간계투투수]로부터 [선발투수]로 변경되면 P3등급에서 P4등급이 되고, 역으로 [선발투수]로부터 [중간계투투수]로 변경되면, P4등급에서 P3등급이 됩니다.

역할등급은 직능등급과는 달리, 같은 역할수준 내에서 능력이 높아졌다고 해서 다른 역할등급으로 올라가지는 않습니다. 한국 프로야구의 경우 한 팀에 고정적인 선발투수 자리(Post)는 5개를 넘지 않습니다. 마무리투수 자리는 대개 1~2개입니다. 만일 직능이 높아지면 등급을 올려주는 직능등급제도하에서라면 능력을 갖춘 투수 누구에게라도 높은 직능등급을 부여할 수도 있었겠지요.

그러나 역할등급제도하에서는 자리의 개수가 정해져 있으므로 제 아무리 능력이 뛰어나더라도 선발이 되려면 경쟁을 뚫고 역할을 바꾸거나, 자리가 생겨야 합니다. 감독은 팀의 책임자로서, 한정된 자원 내에서 승리를 가장 기대할 수 있는 조합으로 각 투수의 역할을 정해야만 하는 것입니다.

[그림 1] 역할등급제도의 개념(투수의 예)

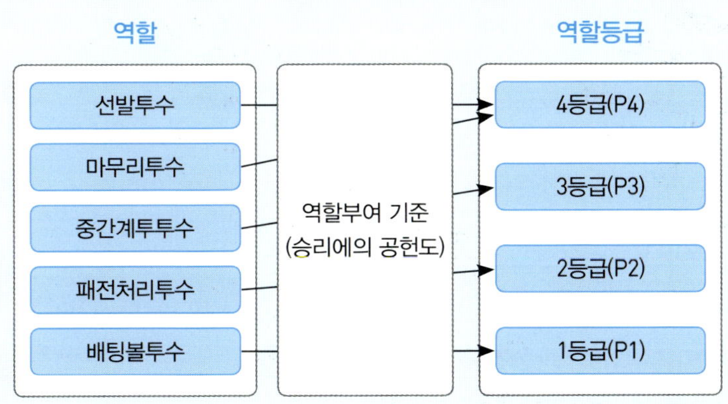

[그림 2] 직능등급제도의 개념(투수의 예)

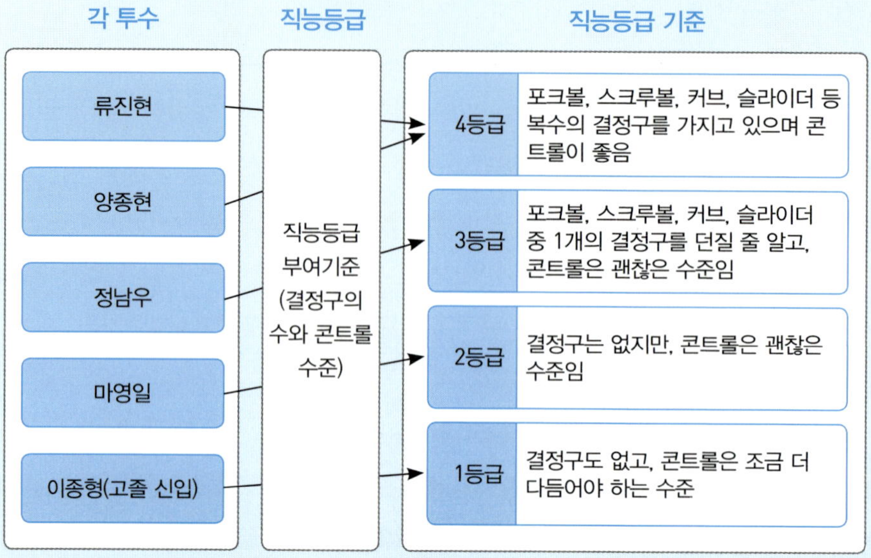

다음으로 역할을 어떤 등급에 위치시킬지 판단하는 역할평가는 조직운영 및 조직공헌의 기대수준에 따른 역할등급을 놓고서 각 역할을 이에 대응하여 평가하도록 합니다.

역할등급이 투수들의 연봉에 어떻게 영향을 미치게 될까요? 투수들의 연봉은 자신의 역할등급에 해당하는 임금(역할급)을 기반으로 하되, 매 시즌 부여된 역할을 충실히 수행했는지 여부(평가결과)를 반영하여 가감된 임금을 지급받습니다. 즉, 기본 베이스로서의 역할급에 인상분을 더한 만큼을 연봉으로 받게 된다는 것이죠.

이제 역할급이 무엇인지, 역할등급을 어떻게 정하는지, 역할급을 어떻게 설계하는지, 그리고 일본 기업과 한국 기업에서의 사례로는 어떤 것들이 있는지 차례로 살펴봅니다.

〈표 1〉 역할급 시스템에서의 투수들의 연봉 사례

역할 등급	대표 직위	←업적의 공헌도 격차→ 연봉(만원)				
		S	A	B	C	
P4	선발투수, 마무리투수	30,000	24,000	18,000	12,000	↑역할의 격차↓
P3	중간계투투수	20,000	16,000	12,000	8,000	
P2	패전처리투수	-	4,000	3,000	2,000	
P1	배팅볼투수	-	2,000	1,600	1,200	

본 책이 나오기까지, 한국 기업의 임금체계에 있어서 연공성 탈색의 필요성을 강조하여 주신 많은 산업계, 학계, 정부 및 근로자 대표분들께 감사의 말씀을 올립니다. 이 분들의 선행적인 연구와 조언 덕분에 저희가 '어떻게 하면 한국 기업에 적용이 될까' 하는 질문에 화답하는 글을 쓰고, 정리할 수 있었습니다. 또한 본 작업에 참여하여 준 이충근, 오지원 선임, 응원하여 주신 FMASSOCIATES(에프엠 어소시에이츠) 컨설턴트 분들, 특히 꼼꼼히 교정을 보고 의견 개진을 하여 준 김광민, 남정식, 이호진 이사와 김정아 팀장에게 감사의 말씀을 올립니다.

신재욱 · 김광우 올림

차 례

Chapter 3 역할급제도 설계방법

Chapter 4 일본의 역할급 설계 및 운영 사례

Chapter 5 한국의 역할급 도입 움직임

01

역할급이란 무엇인가?

1. 배경 및 필요성

1) 한국에서는 왜 지금 역할급에 주목해야 하는가?

2014년 3월 고용노동부에서는 [새로운 미래를 여는 합리적 임금체계 개편 매뉴얼]을 전격적으로 발표합니다. 그리고 2015년 2월 [임금체계개편 사례집]을 발간하였습니다. 이 책이 왜 이리도 주목을 받았을까요?

[그림 1-1] 합리적 임금체계 개편 매뉴얼 및 임금체계개편 사례집

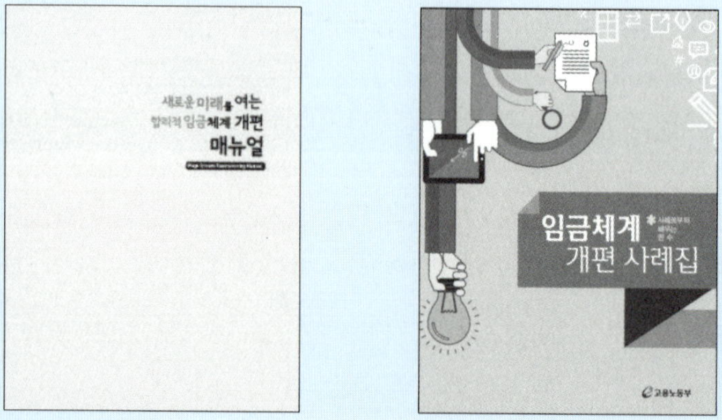

(1) 늙어가는 대한민국

한국은 세계적으로도 그 유례를 찾아볼 수 없을 만큼 고령화 속도가 빠른 나라입니다. UN에서는 특정 국가의 전체인구 중에서 '65세 이상' 인구의 비중이 얼마인가에 따라 고령화 사회, 고령 사회, 초고령 사회로 구분하는데, 각각의 그 비중은 7%, 14%, 20%입니다. 초고령 사회가 되면, 다섯 명 중 한 명은 65세 이상인 셈이니, 전 국민들 중에서 5명을 무작위 추출하여 농구팀을 만든다면, 한 명은 65세 이상의 어르신

[그림 1-2] 한국의 고령화 추이

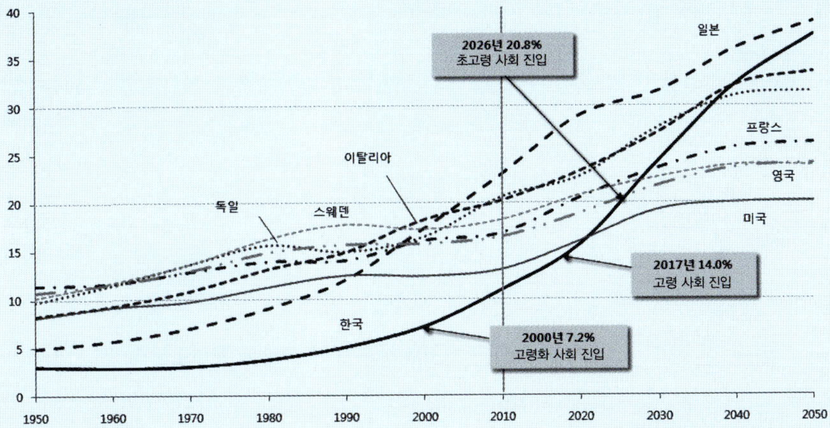

출처: 중고령자의 취업이력과 은퇴패턴, 황수경, 고용노동부 장년고용포럼, 2013.10.

이라는 말이 됩니다. [그림 1-2]를 보다시피, 대한민국의 경우, 고령화 사회, 고령 사회, 초고령 사회로 이르는 과정상의 속도가 무척 빠릅니다. 2010년을 기준으로 했을 때는 대한민국의 총인구 중 65세 이상 인구의 비중이 미국, 일본, 프랑스, 이탈리아, 스웨덴, 독일 등 비교 대상 국가보다 낮으나, 점차 그 기울기가 급격히 올라가서 2050년에는 일본의 뒤를 바짝 추격하게 되는 것이지요. 이 때가 되면, 다섯 명 중 두 명이 65세 이상의 어르신이 될 상황에 처해 있습니다.

전체 인구를 연령의 크기순으로 일렬로 세워 단순히 균등하게 2등분하는 연령을 '중위연령'이라고 합니다. 1990년부터 10년 단위로 보자면 이 또한 점점 상승하고 있습니다. 2010년대 중반에는 不惑, 40의 나이가 되어도 딱 중간, 같은 수의 선배와 후배를 가지게 되는 겁니다. 2030년대 중반에는 知天命, 50의 나이가 되어도 소위 연식이 중간밖에 안 되는 셈이 됩니다.

〈표 1-1〉 한국의 연도별 중위연령

	1990	2000	2010	2020	2030	2040	2050	2060
중위연령(세)	27.0	31.8	37.9	43.4	48.5	52.6	55.9	57.9

출처: 중고령자의 취업이력과 은퇴패턴, 황수경, 고용노동부 장년고용포럼, 2013.10.

G2에 해당하는 미국을 한번 볼까요? 2010년 미국 인구(약 3억 900만 명) 중 65세 이상 노인인구는 4,030만 명으로 전체의 13%를 차지했습니다(연방센서스국 발표). 중국의 경우도 2013년 말 중국의 65세 이상 노인인구가 1억 3,161만 명으로서 총인구의 9.7%를 차지했습니다(사회서비스 발전 통계 발표).

[그림 1-3] 한국의 장래 추계인구 및 인구구조 변화

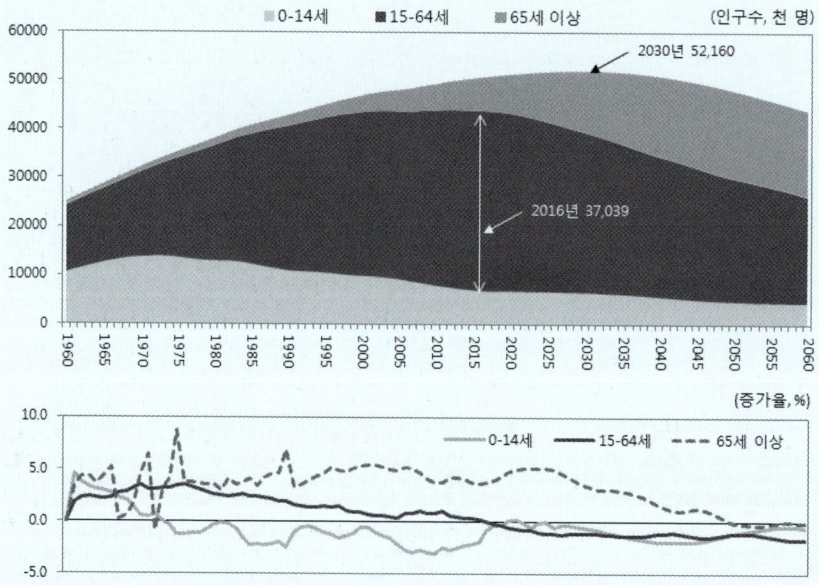

출처: 중고령자의 취업이력과 은퇴패턴, 황수경, 고용노동부 장년고용포럼, 2013.10.

우리나라 장래 추계인구 및 인구구조의 변화를 보겠습니다. 65세 인구의 면적이 점차 넓어지는 것을 볼 수 있습니다. 15세에서 64세 사이의 인구를 '경제활동인구'라고 하는데 2016년 이후로 점차 감소하게 됩니다.

북한은 어떨까요? 북한 중앙통계국이 펴낸 인구센서스에 따르면 2008년 기준 북한의 만 65세 이상 인구는 약 209만 명으로 전체 인구 약 2,405만 명의 8.7%였습니다. 이미 '고령화 사회'에 진입한 것이지요. 2008년에 한국의 65세 이상 인구가 약 505만 명으로 고령인구 비중이 10.3%였습니다. 만약 과거 2008년 통일이 되었다고 가정하면, 남북한을 합친 65세 이상 고령 인구가 약 714만 명으로서 남북한 전체 인구(약 7,300만 명)의 9.8%가 되는 것이었습니다. 거의 10명 중 1명 꼴이 되었겠네요.

(2) 단군 이래 최초로 정년 법제화-60세! 기업의 입장

한편, 정부는 2013년 4월 23일 정년 60세 법안(고령자고용촉진 법안)을 통과시킵니다. 늘어나는 수명에 따른 조치입니다. 그 주요 내용은 아래와 같습니다.

〈제19조〉

① 사업주는 근로자의 정년을 60세 이상으로 정하여야 한다.

② 사업주가 제1항에도 불구하고 근로자의 정년을 60세 미만으로 정한 경우에는 정년을 60세로 정한 것으로 본다.

〈제19조의2〉 (정년연장에 따른 임금체계 개편 등)

① 제19조 제1항에 따라 정년을 연장하는 사업 또는 사업장의 사업주와 근로자의 과반수로 조직된 노동조합은 그 사업 또는 사업장의 여건에 따라 임금체계 개편 등 필요한 조치를 하여야 한다.

② 고용노동부장관은 제1항에 따라 필요한 조치를 한 사업 또는 사업장의 사업주나 근로자에게 대통령령으로 정하는 바에 따라 고용지원금 등 필요한 지원을 할 수 있다.

〈표 1-2〉 국가별 근속연수에 따른 임금 격차(2010년, 제조업, 10인 이상 사업체)

근속기간	한국	독일	스페인	프랑스	이탈리아	스웨덴	영국	일본
1년 미만	100.0	100.0	100.0	100.0	100.0	100.0	100.0	100.0
1~5년 미만	134.9	128.4	114.6	113.2	126.6	110.9	116.1	129.8
5~10년 미만	188.0	157.6	125.0	124.5	129.2	115.7	125.0	148.5
10~15년 미만	211.1	166.2	133.5	132.6	136.9	116.1	134.3	168.7
15~20년 미만	261.9	170.6	149.8	143.3	140.6	114.6	139.2	202.5
20~30년 미만	313.0	191.2	168.2	146.3	152.7	110.8	156.7	241.6

출처: 한국 고용노동부, 일본 후생노동성, 유럽통계청 임금구조통계조사한국.
한국 및 일본 초과급여 제외 월임금총액, 유럽 월임금총액

위에서 보시다시피 이 정년연장법은 정년 연장을 강제함으로써, '60세 정년'이 근로자의 권리가 되었습니다. 하지만, 임금체계에 대해서는 단지 개선하라고 권고하는 데 그치고 있습니다. 즉, 임금체계 개선은 기업의 의무 사항이 아닙니다. 이로 인해 예측되는 향후의 사항들에 대해서 기업과 근로자로 이해관계를 나누어 생각해 봅니다.

먼저 기업의 입장입니다. 2016년 1월 1일부터 300인 이상의 사업장에서는 정년연장이 의무화된다고 했습니다. 국가별 근속연수에 따른 임금 격차에 대한 〈표 1-2〉를 한번 보시지요.

청운의 꿈을 안고 회사의 문을 열고 들어온 신입사원 시절의 임금을 '100'으로 보았을 때, 국가별로 근속연수, 즉 '임금의 연공성'에 따라 임금이 몇 배나 증가하게 되는지를 국제적으로 비교한 표입니다. 한국의 경우가 근속연수에 따른 급여 증가분이 가장 높았습니다. 즉, 20~30년 근속 근로자의 임금수준이 1년 미만 신입사원의 3배가 넘는 것으로 나타났습니다. 반면, 유럽국가들의 경우 스웨덴이 1.10배, 독일이 1.91배 수준이었습니다. 일본도 2.41배 수준으로 한국보다는 낮았습니다.

반면, 연령에 따른 생산성을 살펴보겠습니다. 연령에 따른 생산성 곡

[그림 1-4] 연령에 따른 생산성 곡선

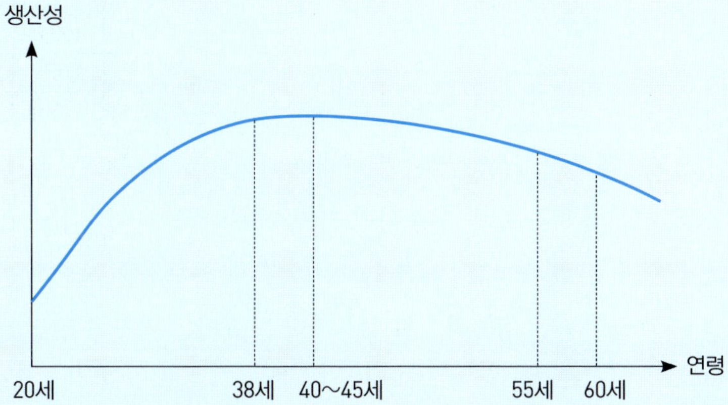

출처: 정년 60세 법안 안착을 위한 임금과 (중장년)인력관리 정책, 이지만·안희탁·송창용·이원희, 2013.11.

선은 전반적으로 40세 전후까지 상승하다가 40대 중반 이후 하락으로 전환한다고 보고 있습니다. 연구 결과에 따르자면, 생산성 하락 전환점은 서비스업과 첨단산업에서 제조업보다 빠르게 하락하며, 특히 1,000인 이하 규모의 기업은 전 연령기간 일정한 수준의 생산성을 유지하는 반면 1,000인 이상 규모의 기업은 40대 중반까지 빠르게 증가하다가, 그 이후부터 하락한다고 합니다(고용노동부 자료에 근거한 연령-생산성 곡선 추정(어수봉, 2013)).

즉 기업의 입장에서는 생산성 향상이 보장되지 않는 상황에서 연공성에 입각하여 인건비가 계속 상승하게 된다면 추가적인 고용을 매우 주저하게 되거나, 정년이 가까워지는 근로자들을 고용조정하려는 동기를 갖게 될 수 있습니다. 특히, 우리나라 고용창출의 원동력이 되는 제조업의 경우, 낙후한 설비들을 뜯어내어 인건비가 낮은 국가로 생산기지를 이전하는 한편, 한국에는 자동화된 설비 위주로 생산하면서 정년에 따른 자연 퇴사 이외의 추가적 고용을 억제하려는 움직임을 보일 수도 있습니다.

(3) 단군 이래 최초로 정년 법제화-60세! 근로자의 입장

근로자의 입장에서는 정년이 60세로 바뀐다고 하여도 '임금의 연공성'을 유지한 채라면 정년 전에 여러 가지 이유로 조기 퇴출되는 '풍선효과'를 걱정할 수 있습니다. 예를 들어, [기간제 근로자를 보호하기 위해 2년 이상 근무하면 정규직으로 채용하라고 했더니 거꾸로 절반 이상이 2년이 가기 전에 일터에서 물러나야 했다]는 사례가 있었다는 것입니다.

정년 연장은 법제화를 통해 보장을 받았지만, 임금체계 개편은 의무사항이 아닌 만큼 근로자들이 이를 굳이 받아들일 이유는 사실 없습니다. 그러나 근로자들은 과거 대비 인건비의 증가로 신음하는 기업의 고민을 피부로 느끼면서 정말로 보장된 정년까지 일할 수 있을지에 대해 불안해 하고, 자녀, 후배에 해당하는 차세대 신입사원 후보자군의 '일자리'에 대한 책임도 느끼고 있습니다. 정년 연장의 불티가 청년층으로 튀어, 청년실업 해소에 도움이 되지 않을 것이라는 추측이 여기 저기서 나오고 있는 것이 얼마나 부담스러울까요.

또한 근로자들로서는 한 직장에 근무하는 정규직과 비정규직의 격차를 해소하는 데 있어서도 정년 60세 법제화가 어떤 영향을 줄 것인지 고민이 될 것입니다. 통계자료에 따르자면(통계청, 2015년 8월 경제활동인구조사) 전체 임금 근로자의 32.5%에 해당하는 인력이 비정규직으로 분류된다고 합니다. 일반적으로 한 가족이 '아버지, 어머니, 자녀 2명'으로 구성된다고 보면, 비정규직에 대한 이슈는 한 가족이 살아가면서 근로자 본인이나 자녀들이 거의 한번은 맞닥뜨려야만 하는 일이 되는 셈입니다.

(4) 단군 이래 최초로 정년 법제화-60세! 정부의 입장

고용노동부는 1970~80년대식 연공 위주의 임금체계를 바꾸지 않으면 앞으로 고용시스템 전체가 글로벌 경쟁의 파고에 허물어질 수 있다는 입장을 보이고 있습니다.

"임금체계는 고용정책의 근간이다. 이를 바꾸지 않으면 고용시스템의 뿌리 자체가 흔들리게 된다. 정년연장법은 오래 일하도록 하자는 취지로 만들었다. 그렇다면 그에 걸맞은 임금체계가 반드시 있어야 한다"는 것입니다(이기권 고용노동부장관 인터뷰 2014.7.29).

다시금 정년연장 법률을 검토하고 수정하여 재개정하는 것은 어려우나, 임금체계 개편은 의무로서 받아들여야 한다는 점을 노사가 인식해야 한다는 것입니다. 가까운 일본이 정년을 연장하도록 권고하는 정도의 취지로 법률을 규정한 데 반해 우리나라가 정년 60세를 법률로 의무화한 만큼, 전제조치(임금체계 개편)도 그에 버금가는 수준으로 취해져야 한다는 입장입니다.

"호봉제로는 안 된다. 직무·역할급으로 가야 할 것 같다. 그렇지 않으면 정년연장, 통상임금 문제, 근로시간단축 등 모든 고용정책이 호봉제에 발목 잡혀 제대로 풀리지 않을 위험이 크다. 더불어 생산성이 떨어지는 50대 중후반부터는 임금곡선이 조금씩 낮아지는 형태로 고칠 필요가 있다. 직무·역할급은 하는 일이나 역할, 성과, 생산성에 따라 임금이 지급되는 체계다"라고 하고 있습니다.

정년연장법이 오래 일하도록 만들겠다는 취지인 만큼, 이에 걸맞은 임금체계가 있어야 합니다.

그래서 '임금의 연공성'을 지니고 있었던 기존의 호봉제를 비롯한 연공급이 유지되어서는 곤란하다는 데에 의견이 모입니다. 그동안 대안으로서 흔히 근로자가 담당하고 있는 직무의 크기(Job Size)에 따라 기본급이 결정되는 속직급 체계를 통해 임금의 연공성을 최소화하려는 직무급이 거론되어 왔습니다. 이는 시장 임금이 준거 임금으로서 임금의 연공성을 완화시키는 결정적인 역할을 수행하기 때문이기도 합니다.

하지만, 이제부터는 또 하나의 대안으로 한국에 잘 소개되어 있지 않았던 역할급에 대하여 한국보다 고령화가 일찍 전개된 일본에서의 사례를 통해 살펴보려고 합니다.

2) 일본에서는 왜 역할급을 도입하였는가?

1960년대 이후로 일본에서 직능급을 지배적으로 도입하여 꾸준히 운영하고 있었다는 것은 주지의 사실입니다. 그러다가 이 직능급조차도 점차 연공성을 강화하는 쪽으로 흐르게 됩니다.

직무를 수행하는 능력인 '직능'이 상승하면, 이에 따라 급여를 높여 지급하는 것이 직능급 제도의 골자입니다. 그런데, 직능은 대체로 연공이 쌓여갈수록 높아지기는 하되, 낮아지게 되는 경우가 없어 근로자의 고령화에 따라 직무가치나 성과와는 무관하게 인건비가 지속적으로 상승하는 구조로 고착화되었습니다.

그러다 저성장, 글로벌 경쟁의 격화, 디플레이션, 정보화로 인한 숙련도 변화, 고령화 등의 외부환경적 요인으로 인해 고비용 구조인 연공적 성격의 임금체계로는 더 이상 기업의 경쟁력을 확보하기 어려운 상황이 되었습니다. 게다가, 1994년 60세 정년의무법이 개정(1998년 법 시행)됨으로써 일본 기업들의 인건비 부담은 더욱 가중되었습니다. 이러한 배경으로 직능급의 연공성을 할 목적으로 직무급의 도입, 직능급의 개선, 역할급의 도입이 고려되었습니다.

먼저 몇몇 회사에서 직무급 도입을 시도하였으나, 완전히 정착되지는 못하였습니다. 그 이유로는 직무별 시장임금 정보가 미흡하고, 직무분석 및 평가에 비용이 무척 많이 들고, 신규 직무 및 신규 사업장의 생성이나 급속한 변화에 대응하기에 제약이 있었으며, 직종별 노동시장의 전통이 부재하다는 것을 들 수 있겠습니다.

직능급 자체를 개선하는 방향에 대해서는 그 개혁수준이 미온적이라는 비판이 있었습니다.

따라서 당시 일본 기업이 채택한 것은 기존의 직능급도 아니고 직무급도 아닌 '제3의 길'로서의 이른바 '역할급'이었습니다. 역할급은 장기적 관점에서의 인재육성과 사람 중심의 유연한 조직운영이라는 HR의 핵심가치를 침해하지 않으면서도 임금의 연공성은 최대한 제거해 나갈 수 있는 방법으로서, 일본의 노사가 함께 만들어낸 대안이었습니다.

[그림 1-5]는 관리직과 비관리직에서 각 임금체계를 도입한 비율을

[그림 1-5] 외부환경과 기업내부 연공적 임금체계의 부적합으로 인한 역할-직무급의 대두

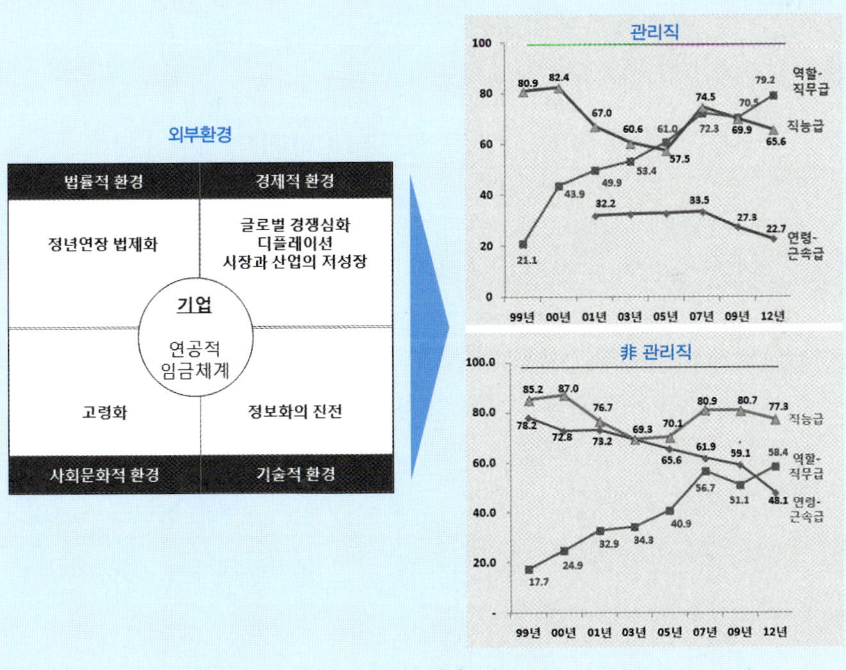

나타낸 것으로서 최근 10여 년 간 일본의 임금체계에서 가장 큰 변화는 역할-직무급의 급속한 확산, 이와는 대조적으로 연령-근속급의 지속적인 하락임을 확인할 수 있습니다.

일본에서 도입하여 전파하고 있는 이 역할급의 장점에 대해 일본의 학자들은 4가지로 요약하고 있습니다(石田光男, 2006).

첫째, 사람 기준의 일본식 고용 관행에 적합하고, 둘째, 사람과 담당 업무 간의 부조화라는 연공적 처우의 문제를 직무급의 방식과 유사하게 시정할 수 있었으며, 셋째, 등급 정의 시에 각 등급에 필요한 요건을 '사람 기준'으로 규정함으로써 인재 육성과의 연계가 용이하였으며, 넷째, 처우는 근로자의 인적 특성(공급 측면)이 아니라 부가가치 창출에의 기여도(시장 측면)로부터 결정해야 한다는 패러다임의 요청에 적합하다는 것입니다. 따라서 향후 적어도 일본에서는 역할급이 직능급과 직무급을 제치고 지배적인 임금제도가 될 것이라 내다보는 전문가도 있을 정도입니다.

2. 역할급의 의미: 다른 임금체계와의 차이점

1) 역할의 정의와 역할급에 대한 견해

미국식 전략적 인적자원관리에 근거하여 집필되어 온 최근의 교재들에는 당연히 역할급에 대한 소개가 들어 있지 않습니다. 역할급이 일본에서 2000년대 이후 본격적으로 급히 대두된 제도이기에 그러합니다. 먼저, 일본 학자들이 드러내는 견해를 정리해 보도록 합니다. "아니, 그래서 도대체 역할급이 무엇인가"에 대한 본질적 질문에 조금이나마 답이 되기를 바랍니다.

첫째, 직무급과는 완전히 별개의 것으로 보는 경우, 둘째, 직능급과 직무급의 합으로 보는 경우, 셋째, 직무급과 유사한 것으로 보는 경우, 넷째, 직무급과 동일한 것으로 보는 경우 등으로 구분이 됩니다. 이 중에서 다수 입장은 직무급과 역할급을 별개의 것으로 보는 입장입니다. 두 번

〈표 1-3〉 역할급에 대한 다양한 입장

견해	개념도	내용
직무급과 별개 (역할급≠직무급)		• 역할을 경영비전·경영전략 등에 기초하여 수립된 조직 단위의 계획을 달성하기 위해 해당 단위에 소속된 사원에게 할당되는 책임·의무로 정의함 • 역할급을 사람기준의 임금체계로서 직무급과 구분함 • 일본에서 직무급이 정착되지 못한 이유로, 직무평가와 분석에 비용이 많이 들고, 사업장 신설이나 직장의 급속한 변화에 대응하여 인사이동에 제약을 받는다는 문제 제기함. 역할급은 직무급의 이러한 문제점을 해결하고자 최근 일본에서 도입된 것으로서 직무급에 비해서 간편성과 유연성이 장점이라고 봄. • 다수 학자들의 입장(都留康, 阿部正浩, 久保克行, 2005; 石田 光男, 2006)
직능급과 직무급의 합 (직능급∪직무급)	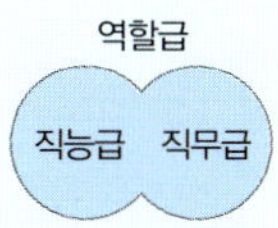	• 역할주의는 직무주의와 능력주의라는 두 개의 하위 차원을 가짐 • 직무주의와 능력주의가 모두 높은 경우에 강한 역할주의가 나타난다는 견해임 • 역할이 직무 분석·직무평가에 의해 엄밀하게 확정된 직무 가치와는 달리 경영 상황이나 기업 조직의 변화에 상응하여 부문의 책임자에 의해 유연하게 결정되는 특징이 있다고 봄 • 역할 등급에서 등급의 결정, 특히 승격과 승급의 결정에 있어서 직무 가치의 크기나 변화에 기초하면서도 능력 개발에 대한 배려가 이루어지고 있고, 직무의 정의에서 능력 규정을 부가적으로 포함시킨다는 점에서 역할주의는 직무주의와 능력주의 쌍방의 성질을 지니고 있다고 봄 • 平野光俊, 2010
직무급과 유사 (역할급≒직무급)	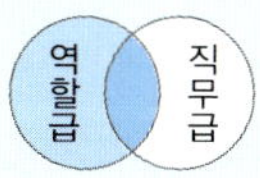	• 역할급은 간소한 직무평가가 있다는 점에서 직무급과 차이가 있긴 하나 범위 직무급과 유사하다고 보는 입장임
직무급과 동일 (역할급=직무급)		• [역할급=직무급=직책급]을 담당업무의 난이도, 책임을 반영하는 임금으로 3자가 동일한 것으로 정의함 • 직능급은 본 임금체계와 대비되는 것으로 봄 • 근로자가 담당하는 직무의 난이도, 복잡성 등으로 결정되는 임금으로서의 직무급과 근로자가 담당하는 일의 책임의 크기로 결정되는 임금인 직책급은 역할급과 마찬가지로 일의 내용에 따라 임금이 결정되기 때문에 동일한 것이라고 주장 • 역할 평가 기법으로 제시하고 있는 방법들이 통상적인 직무 분석 기법과 동일하게 소개함 • 笹島芳雄, 2013

째의 견해는, 후술하겠지만, 역할급을 설계하기 위해서 관리직과 비관리직(일반직)의 역할평가 방법이 다르거나, 관리직은 직무급으로 비관리직은 직능급으로 두는 경우가 있음으로 인해, 새로이 등장한 '역할급'을 '직무급과 직능급 양자의 혼합형'이라고 하는 것입니다. 네 번째의 견해는 관리직에 초점을 두어, 직무와 역할, 직책이 일치할 수 있음으로 인해 역할급과 직무급을 같은 것으로 규정하는 것입니다.

그렇다면, '역할급'에 있어서의 '역할'은 어떻게 정의될까요? 이는 '미션, 기대공헌, 성과책임(Accountability)'으로도 지칭됩니다. 다양한 견해 중에서도 역할급에 있어 가장 권위자인 이시다 미츠오(石田光男)는 '부가가치 창출에의 공헌도'라는 측면에서 [부가가치에의 공헌도=성과×역할]이라고 정의하고 있습니다. 역할은 조직목표 달성을 위해 최고경영자로부터 말단의 사원까지 구성원 각자에게 위에서 아래로 전개되어 부과되는 성과책임이라는 것입니다. 관리직의 경우에는 직책이 역할을 대표하고, 직책을 부여받지 못한 사원의 경우에도 '배우는 역할', '독립적인 공헌자로서의 역할', '가르치는 자의 역할' 등으로 구분할 수 있다고 보고 있습니다. 즉, 전 임직원을 대상으로 역할의 서열을 설계할 수 있다는 것입니다. 일본 기업에서의 사례들로부터 역할에 대한 특징을 정리하자면 아래와 같습니다.

첫째, 기업들의 대다수는 역할과 직무를 구분하고 있었습니다. 역할을 직무+직책이라고 보고 있었는데, 직무는 담당업무 그 자체로서 직무기술서에 문서상 반영되는 한편, 직책은 직무수행상에 있어서의 책임범위로서 관리직에 보편적으로 부여되는 인재육성과 같은 책임과 담당업무를 어떠한 프로세스로 수행하고 어떠한 성과를 내야 하는가와 관련된 일종의 경영방침과 상사의 의지 등을 포괄적으로 포함한 것이라 보고 있습니다.

둘째, 기업 내에서 동일한 직무를 담당하더라도 역할의 크기가 달라질 수 있다고 하였습니다. 서구식 직무급은 동일직무 동일임금의 논리로서 직무담당자의 특성과는 무관하게 직무의 특성에 따라 상대적인 가치가 결정된다는 전제를 두고 있으나 일본식 역할급에서는 이 전제가 통용되지 않습니다. 역할급에서는 직무를 담당하는 사람의 특징에 따라, 시기별 기업환경, 미션에 따라 직무의 가치는 변할 수 있다는 전제를 두고 있습니다.

셋째, 많은 기업에서 관리직의 역할평가 방법과 일반사원의 역할평가 방법을 다르게 사용하고 있었습니다. 관리직의 경우 직무평가와 유사한 방법을 활용하는 경우가 있으나, 일반사원의 경우에는 대부분 역량이나 인적요소를 많이 가미하고 있었습니다. 일반사원의 경우 공동 작업을 하는 경우가 많기 때문에, 개인별 역할을 역할기술서로 명시하기가 곤란하여 이른바 분류법에 의거해 등급을 결정한 경우도 있었습니다.

2) 역할급과 직능급의 차이점

역할급과 직무급의 차이에 대해서는 일본의 학자들 간에도 논란이 있긴 하나, 역할급과 직능급이 명확히 차이가 있다는 점에 대해서는 대체적으로 공감하고 있습니다. 이를 〈표 1-4〉에 나타내어 봅니다.

한편 아베 마사히로(阿部正浩, 2006)의 연구는 직능급과 역할급의 차이와 역할급이 연공성을 완화시키는 기능을 잘 보여 줍니다. 〈표 1-5〉에서와 같이 연공적으로 운영되던 직능자격 제도를 역할등급제로 전환하면서 기존 자격등급 13의 총 63명 중 23명은 1~2등급으로 역할등급이 내려갔습니다. 그 이유는 직능자격제도 및 직능급이 사실상 연공적으로 운영되면서 담당 직무 내지 조직 내에서의 역할과는 관계없이 근속에 따라 높은 등급으로 승진하여 높은 임금을 받았기 때문이었습니다. 따라서 직무와 책임을 중심으로 하는 역할등급제로 전환하면서부터는 오히려 등급이 하락하게 되었습니다.

〈표 1-4〉 역할급과 직능급의 차이점

직능등급제도		역할등급제도
사원 한 명 한 명의 직무수행능력(보유능력)을 기반으로 하는 제도	기본 요건	기업의 전략적인 기대역할을 다하기 위해 할당 받은 역할의 가치를 기반으로 하는 제도
직무수행능력(보유능력)이 기반이 되기 때문에 성과로 발휘되지 않더라도 평가된다(Responsibility=행동책임이 요구된다).	특징	역할 가치와 할당자 개개인의 업무성과가 평가된다(Accountability=성과책임이 요구된다).
직무수행능력(보유능력)이 올라가면 승격(승급)될 수 있다. 원칙으로서 강격은 없다(능력의 신장은 무한). 결국 상위등급에 많은 인원이 고착되고, 자리 부족이 초래된다.	승격과 임용	조직이 필요하게 되는 역할(직제와 직무)수에 제한이 있기 때문에, 그 역할에 공석이 발생한 때에 승임할 수 있다. 역할(직제와 직무)이 없게 되면 이탈 또는 강격하게 된다.
사정승급과 승격승급에 의해 연공급화하고 우상향의 임금 커브가 된다(직능급). 기본적으로는 강급은 없다.	임금	동일 역할 동일 임금이 기본이기 때문에 정기승급은 없다.
직능등급 기준 이하의 레벨의 일을 하고 있어도 직능등급에 상응하는 임금이 지급된다. 급여격차는 적고, 동일직무라고 하더라도 종사자의 직능등급에 따라 개인간 임금차이가 생긴다.	단점	고기능자라고 하더라도 기준 이하의 일을 하는 경우는 일에 걸맞는 임금이 된다. 즉 역할 이동에 따라 임금이 올랐다 내렸다 한다.
제너럴리스트 육성에 있어서 인사이동이 쉽다. 또 자격과 직책이 분리되어 있어서 임금변동을 동반하는 일 없이 배치전환이 가능하고, 조직의 유연성과 처우의 안정성을 추구할 수 있다.	장점	인건비가 억제되어 기본적으로 자동팽창이 없다. 직무가 명확한 일로부터 프로페셔널 인재의 육성이 쉽다.

출처: [役割等級人事制度導入構築マニュアル], p204, 西村聡 -日本法令-

〈표 1-5〉 직능자격제와 역할등급제 비교

구분		역할 등급					합계
		1	2	3	4	5	
자격 등급	11	91	61	1	0	0	153
	12	50	51	8	5	0	114
	13	5	18	24	16	0	63
	14	0	0	0	7	4	12
합계		146	139	33	28	5	342

3) 역할급과 직무급의 차이점

여기에서 [역할]과 [직무]의 차이를 정리해 봅니다. [역할]도 [직무]도 일의 개념을 내포하고 있습니다. 그러니, 이러한 '일'에 관련한 용어의 의미와 사용방식을 기준으로 정리해 보자면, 역할을 다한다는 것은 "일의 기능, 목적을 완결/완료하다", 직무를 수행한다는 것은 "일의 활동내용, 즉 업무를 실시수행하다"는 것으로 정리합니다.

[역할]이라고 하는 것은, 사원 각자가 조직목적을 달성하기 위해, 조직 전체의 관점에서 담당하는 기능, 활동을 말하고, 인사관리상 동일한 취급이 가능한 일(기능, 활동)의 통합을 말합니다.

역할은 기능, 활동의 통합이므로, 이들을 정리하면 '일의 목적'과 같습니다. 따라서 인사관리상 역할의 완결은 결과로서의 업적과 더불어 활용되는 것이 기본적인 조건입니다.

[직무]라고 하는 것은, 사원 각자가 역할을 다하기 위해 수행하여야 하는 업무를 말하고, 인사관리상 동일한 취급이 가능한 일(업무)의 통합을 말합니다.

직무는 업무의 통합으로 업무행동으로서 구체적 업무를 객관적으로 표현하고, 인식할 수 있는 것이 기본적인 조건입니다. 역할과 직무가 '일' 차원에서의 통합이라고 하는 점은 동일하나, 그 개념 정의로 보면 역할은 직무의 목적적 정의이고, 직무는 역할을 다하기 위한 업무의 수단적 정의라고 하는 점에서는 차이가 있다고 하겠습니다.

역할과 직무의 차이는 〈표 1-6〉과 같이 정리할 수 있습니다.

직무급을 주로 활용하는 미국에서조차도 1980년대 이후 세분화된 직무등급 대신 브로드밴드를 활용하거나 역량개념을 도입하는 등 유연성을 강조하는 방향으로 움직이고 있으며 이를 가리켜 점차 '역할'이 강조되고 있다고 하는 연구자도 있을 정도입니다.

〈표 1-6〉 역할과 직무의 비교

역할	항목	직무
• 기능으로 표현되어 정의한다 • 일을 목적으로서 파악한다	표현 정의	• 과업으로 표현하고 정의한다 • 일을 수단으로 파악한다
추상적	특징	구체적
판매과장의 역할 • 소관하는 판매과의 매니저로서 부장을 보좌하고, 과원을 지휘감독하여, 판매업무를 통괄하고, 판매과의 매출예산, 영업이익을 달성하게 하는 역할	정의의 비교예시 (관리직)	판매과장의 직무 • 소관하는 판매과의 매니저로서 역할을 다하기 위해 다음과 같은 과업을 수행한다. • 과 전체의 판매정보를 분석하고, 판매정책, 판매계획을 입안한다 • 부하의 능력, 적정을 체크하고, 부하에게 판매목표를 조정하여 배분한다. • 부하의 판매실적과 진척을 체크하여 대책을 지도한다. • 과의 판매실적을 총괄하고, 판매정책에 입각하여 전개하고, 지시한다 • 부하의 지도, 교육훈련을 실시한다 • 부장의 판매통괄업무를 보좌, 대행한다
역할평가 (역할의 규모, 책임, 중요도, 난이도, 이익공헌도, 전략성 등을 평가)	평가	직무평가 (직무의 난이도, 중요도, 업무부하 등을 평가)
역할의 역할등급으로 평가	등급 부여	직무의 직무등급으로 평가
업적과 조직 활동	활용의 실제	수행도와 숙련도에 활동
• 역할 완결도의 평가 • 업적의 평가	업적의 평가	• 직무 수행도의 평가 • 직무효율의 평가
역할급	임금체계	직무급

4) 사원등급제도에 근거한 타 임금제도와의 차이점 종합

역할급이 다른 임금제도와 어떤 차이가 있는지를 알기 위해 근간이 되는 사원등급제도[1]에 대해 살펴보도록 합니다. 직무급에는 직무등급제도가 있고, 직능급에는 직능자격제도가 있듯이, 역할급에는 역할등급제도가 있습니다. 한국기업에서는 직위등급제도를 전통적으로 운영하였습니다.

---

1) 여기서 '사원등급제도'란 '직급체계'로 이해하면 됩니다.

〈표 1-7〉에 4가지 사원등급제도의 장단점들을 정리하였습니다. 역할급을 특히 직능급이나 직무급과 비교하였을 때의 특징으로는 첫째, 정년 연장으로 인한 인건비총액의 급격한 인상 문제를 해결하는 데 있어서 극단적인 방안들을 피하고 노사가 적절히 타협할 수 있을 중도 대안이 될 수 있다는 점입니다.

둘째, 감급을 반영할 수 있도록 설계되어 있다는 점을 들 수 있겠습니다. 미국의 경우는 고용조정이 자유로운 탓에 감급 등 기타 조정 수단에 대해 고민할 필요가 많지 않으나, 고용 보호 수준이 높은 일본의 경우는 조정 수단으로 감급을 채택하는 것이 실질적인 방안이라는 것이 이유로 제기됩니다.

셋째, 일본에서는 역할급 도입 시, 기업의 경쟁력을 지속적으로 유지하여 최종적으로 근로자의 고용을 보장하겠음을 천명함으로써 노동조합이 도입 자체에 대해 크게 반대를 하지 않았다는 점입니다. 수년 간 한국 기업에서는 업적과 역량평가에 따라 임금의 차등폭을 키우는 방향으로 임금제도를 대폭적으로 수정하는 작업을 진행해 왔습니다. 반면, 일본 기업에서는 처음부터 '임금의 연공성을 완화'하려는 수준으로 임금체계 개편에 주력해 온 차이가 있습니다. 역할급의 정의를 한번 내려봅니다. 역할급은 '연공적 운영을 벗어나려는 임금체계 개편 과정에서의 산물로서, 개별 근로자의 권한과 책임이라는 역할 가치를 중시하여 사람과 직무를 종합적으로 고려한 임금체계'입니다. [서양에서의 직무 개념은 영입, 중도 채용 등 기업외부에서 주어져 작동되는 경우가 많으나, 일본은 사람이 우선이고 직무를 유연하게 운영하는 것이 가능합니다. 사람 기준으로서 기업 목표를 달성하기 위해 개인에게 부여되는 '역할'에는 경중이 있으므로 그 경중을 서열화하는 것에서 임금체계 개편의 활로를 찾았다]고 하는 메시지를 음미해 볼 필요가 있습니다.

〈표 1-7〉 사원등급제도의 비교

구분	직위등급제	직능자격제	역할등급제	직무등급제
직급 분류 기준	• 연차에 따른 조직 내 위계질서 결정 • 직위=직급	• 직무수행능력의 발달단계에 따른 자격등급 결정 • 직위와 직급 분리	• 직무수행자의 역할 및 책임 수준에 따른 등급 결정	• 직무의 상대적 가치에 따라 등급 결정
장점	• 충성도 강화 및 장기 근속 유도 • 교육훈련 투자 후 회수할 수 있어 해당 기업에 특화된 인재 육성 • 현재까지 가장 보편적 사원등급제로서 애외 소통시 상호간 연차 예측 가능 • 산업간, 동종업체간 인력 이동시 어떤 직급, 몇 년차에 위치시킬지 기업과 대상자간 소통 용이	• 업무 방식이 다른 직원들을 공통 기준으로 평가하기 때문에 협력 촉진 가능 • 업무와 처우의 분리에 의해 직무 순환 용이 및 조직 변화 유연성 유지 • 장기적 관점의 능력 개발 동기부여 및 특히 기업 특유의 숙련 축적 촉진 • 승진적체 해소	• 경영 전략에 연계한 역할 설정으로 경영상 필요한 역할에 맞춘 임금 지급 가능 • 역할에 대응한 임금으로 직능급에 비해 임금 연공성 억제 가능 • 직무분석과 평가를 생략하기 때문에 간편하고 비용이 적음 • 브로드밴드로 인해 인력관리 유연성 강화 • 우수인재의 발탁 가능 및 성과주의 인사관리 강화	• 동일가치 동일임금으로 공정성 확보 • 직무분석과 평가를 통해 기업이 필요로 하는 직무와 그 가치에 대응한 임금 지급 가능 • 직무에 대응한 임금으로 직능급에 비해 임금 연공성 억제 가능 • 직무 가치가 높은 직무로의 승진에 필요한 직무 전문성 개발에 동기 부여 • 인건비 상승의 억제 • 우수인재의 확보 용이 및 성과주의 인사관리 가능
단점	• 승진적체 발생 • 고령화로 인한 인건비 상승 우려 • 직급과 생산성의 불일치 우려	• 연공서열적 운영 • 우수인재 확보의 어려움 • 개인 노력과 업적 차이를 임금 차이로 연결하기 어려움 • 기술 혁신 속도가 빠른 경우 장기적으로 축적된 능력의 진부화 발생 시 기업 성과 향상으로 연결 곤란	• 직무분석과 평가의 생략은 역할 설정의 근거를 불명료하게 할 가능성 존재 • 장기적 관점에서 능력개발의 동기부여가 상대적으로 부족 • 역할 범위를 벗어나는 협력 촉진도 곤란 • 승진에 따른 동기부여 어려움	• 일에 따라 처우가 결정되기 때문에 직무 순환 곤란 • 조직 변화의 유연성 유지 곤란 • 기업 특유의 숙련 축적 촉진이 곤란하고 일의 범위를 벗어나는 협력 촉진 곤란 • 직무 간 이동이 용이하지 않아 조직 경직성 발생 가능 • 직무분석과 직무평가의 관리부담 및 갈등
적합한 환경	• 안정적인 환경 • 위계적 조직문화 • 해당 기업에 특화된 조직 역량 필요시	• 불확실한 환경 • 성장 둔화 조직 • 기업특유 숙련 필요시	• 빠른 의사결정 필요 환경 • 성과주의 조직문화 • 리더십 역량 강화 필요시	• 비용절감형 조직 전략 • 전문가적 역량 필요시
고려 사항	• 현재 한국기업에서 통용되는 방식으로서 정년 60세 법제화하에서의 부작용 발생 • 저성장의 기업에게는 부적합	• 보통 감급이나 임금 하락이 없이 정기 승급하기 때문에 위험 회피적 종업원에 적합 • 잠재 능력 평가 및 상사에 의한 일방적 평가로 개인 업적의 객관적 지표는 불필요	• 역할 변화에 따른 임금의 상승 하락이 있으므로 위험 회피적 종업원에게는 부적합. 위험 회피적 종업원의 경우 위험 분담 필요 • 역할의 수행도나 역할 변경 판단 및 결정의 납득성을 높이기 위해서는 개인 업적의 객관적 지표 필요	• 보통 감급이나 임금 하락 없이 정기 승급하기 때문에 위험 회피적 종업원에 적합. 다만, 감급이 있는 제도에서는 위험 분담 필요 • 범위 직무급 승급의 경우에는 역량 평가의 지표 필요 • 개인 업적의 객관적 지표가 반드시 필요하지는 않음

출처: 都留康, 阿部正浩, 久保克行(2005), 유규창(2015) 참고하여 수정

02

역할등급제도 설계방법

1. 사원등급제도 중에서 역할등급제도

'직무등급', '역할등급', '직능등급' 등의 사원등급제도 중에서도 향후에는 '역할등급'이 중심이 될 가능성이 높은 것으로 나타났습니다. 그 이유로는,

첫째, 파악해야 할 대상이 [사람]이기 때문에 '역할'은 '직무'보다도 사원 전체를 시종 일관되게, 전반적으로 평가하는 데 적절하다는 것입니다. 즉, [사람] 기준의 동양적(일본과 한국을 포함한)인 고용 관행에 적합하다는 것입니다.

둘째, [사람]과 [일]의 불일치라는 연공상의 처우 문제를 '직무등급'과 마찬가지로 조정할 수 있게 합니다. 이 점은 '직능등급'에는 없는 기능입니다. 즉 역할수준이 높아야 할 장기근속 근로자가 낮은 수준의 업무를 수행하며 높은 급여를 받는다든지, 성과가 탁월하여 높은 수준의 업무를 하지만 낮은 역할에 머물러 있는 바람에 공을 빼앗기고 낮은 급여를 받는다든지 하는 문제를 해결하게 해줍니다.

셋째, [사람] 기준이기 때문에, '등급'에 대한 정의에 따라 각 등급에 필요한 '능력'의 규정을 둡니다. 장차 기업이 추구하는 인재 육성 정의와 방향성에 일치하게 할 수 있습니다. 이 기능은 '직능등급'에 잘 드러나는 기능으로서, 오히려 '직무등급'에는 잘 드러나지 않는 기능입니다.

넷째, 공급 측면이 아니라, 시장=수요 측면에서 처우를 결정한다고 하는 패러다임 변화에 따르자면, '역할'이라는 개념이 적합합니다. 수요 → '부가가치에의 공헌'='역할'×'성과'라고 하는 개념입니다. 공급 측면에서 주로 다루고 있는 '직능자격등급'은 이 기능이 약합니다. 원래, '역할'은 조직의 '목표' 달성을 위한 '역할'이며, 그 등급은 '목표' 성취 수준의 지속적 차이 등을 의미하므로 성과 평가 기능을 보유하고 있습니다.

단, '직무등급'도 그 기능을 부여할 수 있습니다.

간단히 3개의 사원 등급 제도의 강점과 약점을 목록으로 나타내면 〈표 2-1〉과 같습니다.

〈표 2-1〉 3개의 사원등급제도의 강점과 약점

	대상	사람과 일의 불균형 조정 기능	인재육성 기능	성과평가 기능
직무등급	직무 혹은 포스트	강	약	보통
역할등급	사람	강	보통	강
직능등급	사람	약	강	약

2. 역할등급제도의 구성

1) 역할등급제도란

역할등급제도에 대해서 정의해 봅니다. 역할등급제도는 조직의 입장, 역할에 대해서, 그 [역할의 내용 및 범위와 중요성] 등에 의해 역할등급을 정하고, 직무배치와 직책임용에 있어 한 사람 한 사람이 담당하는 역할에 따라 각자의 역할등급을 확정하고, 운용하는 역할등급으로의 평가적용과 역할등급변경 제도입니다.

즉, 역할등급제도의 구성요소는 다음의 4가지입니다.

- 역할등급 체계
- 역할등급 기준
- 역할등급 평가기준
- 역할등급 운용 및 변경기준

[그림 2-1] 역할등급제도 마련 절차

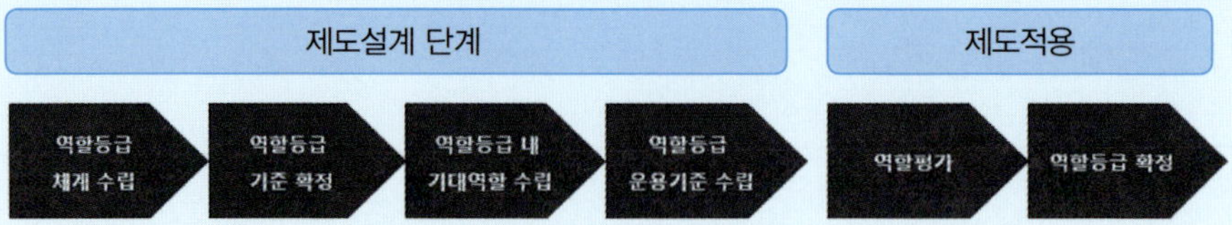

[그림 2-2] 직무배치, 인사이동, 직책임용 시의 고려사항

경험/기회 (Experience/ Opportunity)	▪과거 유사 직무경험이 있거나, 대상 직무 수행을 통한 기회의 획득/시너지유발의 정도 확인
역량 (Competency)	▪이동 후 업무를 능숙하게 수행할 수 있는지에 대한 여부 확인
동기 (Motivation)	▪이동 후 주인의식을 가지고 업무를 수행하여 지속적인 개발을 이룰 수 있는지 여부에 대한 확인
역할 (Role)	▪사회적 요인으로 직급 및 연령 관점에서 이동 후 팀 내 적응이 용이한지 확인
공헌 (Contribution)	▪경쟁 요인으로, 동일 지원자가 있는 경우 공헌도가 높은 직원을 이동에 이동 우선순위 부여
생활안정 (Work & Life Balance)	▪현 주소지/거주지, 배우자 거주지, 자녀교육 지역 등을 고려할 시 특정지역에서의 직무수행의 가능성 확인

직무배치, 인사이동과 직책임용은 역할등급제도에만 의존하지는 않습니다. 제도적으로 이행하는 것은 정기인사 이동시의 원칙이 있는 정도입니다. [어느 자리, 포지션에 누구를 배치할 것인가]라는 실제의 직무배치, 인사이동과 직책임용은 조직 내 중요 인물들의 상황과 사원 각자의 능력과 적성, 조직구성원의 조합과 조직활성화의 상황 등을 종합적으로 고려해서 운용합니다. 예를 들면 [그림 2-2]와 같습니다.

운용기준에 따라 엄격히 운영하는 것보다도, 환경과 경영방침, 인사방

[그림 2-3] 역할등급제도의 체계도

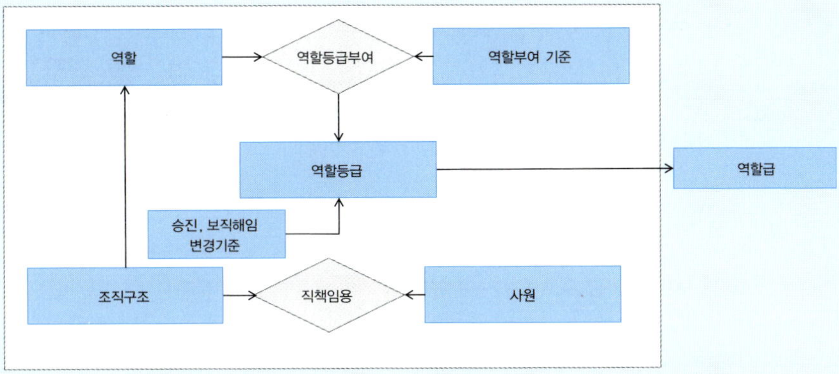

침의 고려사항에 따라 운영하는 것이 실제적일 수 있습니다. 조직의 상황에 따르는 상대적인 적재적소 원칙이라는 의미라 하겠습니다.

역할등급제도의 체계도는 [그림 2-3]과 같으며, 궁극적으로는 역할급과 연계됩니다.

2) 역할등급의 체계와 역할의 평가

역할등급이라고 하는 것은, 경영조직상 필요한 [역할]을 일정한 요소, 관점과 기준으로부터 평가한 계층(Ladder=사다리)을 말합니다. 이 역할등급에 의해 인재의 채용, 육성, 승진, 평가, 보상, 이동배치 등 인사관리를 행합니다.

역할등급의 체계와 역할의 평가는 역할평가의 이론과 절차에 기반하여 행해집니다. 그 단계는 다음과 같습니다.

- 우선, [Key가 되는 역할]을 추출, 선택하고, 역할의 [난이도], [중요도], [책임, 권한의 크기, 범위], [이익으로의 공헌도], [전략적 효

과], [경영자원의 활용규모] 등의 관점으로부터 명확히 다르다고 보여지는 역할을 분류구분하여 역할등급을 설정한다.

- 그 역할등급으로 분류된 [Key가 되는 역할]의 공통된 개념과 특징을 역할등급기준(기준 가이드, 개요)으로서 정의한다.
- 역할등급기준에 기반하여, 다른 각 역할을 역할등급에 위치시킨다.

(1) 역할등급의 구분

우선 [역할등급은 몇 개 필요한가]를 다음의 관점에서 검토합니다.

- 역할의 종류(직군)를 분류하면 어떤 것들이 있는가?
- 역할의 계층은 몇개 있는가, 즉, 역할등급은 몇 개인가?

역할 종류의 분류는 영업직군, 기술직군, 생산직군, 연구개발직군 등의 직종, 직군의 분류를 말합니다. 역할의 계층과 역할등급의 구분은, 각 역할을 평가해서 부여할 때의 요소이자 관점인 [난이도], [중요도], [책임, 권한의 크기, 범위], [이익으로의 공헌도], [전략적 효과], [경영자원의 활용규모] 등에 의한 레벨 구분을 말합니다.

역할등급의 체계에는 [전사 일체형 역할등급체계]와 [직군별 역할등급체계]가 있습니다.

[그림 2-4] 직군 및 직렬 예시(제조업)

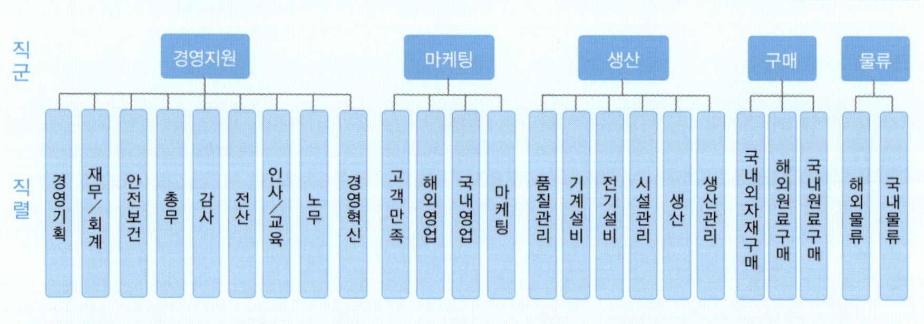

[전사 일체형 역할등급체계]는 전 직군 공통으로 전사 통일된 역할등급을 가진 유형으로서, 직군과 무관하게 일관된 인사관리를 행하는 것을 전제로 합니다.

[직군별 역할등급체계]는 직군별로 독립된 역할등급을 가진 유형으로서, 직군 간의 역할기준과 역할등급에 공통성과 통일성을 갖게 하지 않으며, 각 직군 내에 있어서의 역할 서열이 역할등급이 되도록 합니다. 그리고 직군별 특성에 적합한 인사관리를 행하는 것을 전제로 합니다.

(2) 역할등급의 설정

[역할등급이 몇 개 필요한가?]라는 것입니다. 우선 여기서는 [전사 일체형의 역할등급체계]의 예를 들어 설명하겠습니다. 역할등급은 [역할평가]를 행하여, 그 역할 레벨 차이를 구분합니다. 그 수단으로서 서열법, 분류법, 점수법, 요소비교법 등이 있으나 역할계층을 관리직층과 실무/일반직층으로 구분하는 [2분법]의 전개에 따라 분류구분하는 것이 간편합니다. 역할등급은 조직관리상 일반적으로는 4~8등급 구분이 타당합니다. [2분법에 따른 분류구분]에 의한 예를 다음에서 보겠습니다. 본 사례에서는 임원을 포함합니다.

〈표 2-2〉 역할계층의 이분법에 의한 8등급 분류의 예

역할계층	관리직층	상급관리직층 총괄 스태프	부문장	8등급	임원
			부문장보좌총괄 스태프	7등급	
		일반관리직층 부문 스태프	부서장	6등급	직원
			부서장보좌	5등급	
	실무/ 일반직층	지도감독층 실무 스태프	지도감독직 기획추진직	4등급	
			추진직	3등급	
		일반실시층	운영직	2등급	
			일반담당직	1등급	

〈표 2-3〉 역할계층의 이분법에 의한 6등급 분류의 예

역할계층	관리직층	상급관리직층	부문장	6등급	임원
		일반관리직층 총괄 스태프	부문장보좌 총괄 스태프 부서장	5등급	준임원
	감독직층	지도감독층 실무 스태프	지도감독직 기획추진직	4등급	직원
			추진직 운영리더	3등급	
	일반직층	일반 실무층	운영직	2등급	
			일반담당직	1등급	

〈표 2-4〉 역할등급과 역할의 개요 사례

등급	역할의 개요	일본 기업에서의 대표직위	업적책임	한국 기업에서의 직급
6등급	① 경영진 보좌 및 스태프 보좌 ② 총괄관리부문(본부) 및 사업부문의 총괄책임자	① 본부장 ② 사업부장 ③ 전략 스태프	① 사업의 이익책임·제품책임·시장책임 ② 부문의 예산관리책임 ③ 경영자원관리책임	임원
5등급	① 총괄관리부문내 및 사업부문내의 부문관리자 ② 총괄관리부문 및 사업부문의 총괄책임자의 LINE 보좌 및 스태프 보좌	① 부문장 ② 부장 ③ 본부 스태프	① 상기(본부·사업부)의 업적책임 ② 부문의 예산관리비 ③ 부문업무의 업적책임	
4등급	① 부서관리자 ② 부문장의 LINE 보좌 및 스태프 보좌	① 부서장 ② 과장 ③ 부문 스태프	① 상기(부문)의 업적연좌책임 ② 부서의 예산관리책임 ③ 부서업무의 업적책임	팀장
3등급	① 부서장의 LINE 보좌 및 스태프 보좌 ② Working Group의 지도감독자 ③ 단위사무의 기획추진책임자	① 지도감독자 ② 리더 ③ 계장 ④ 기획조정추진자	소관 Group 업무 전반의 ① 업무완결책임 ② QCD(품질, 비용, 납기)의 업적책임	부차장
2등급	① Group Leader의 보좌 ② 자기완결형 업무의 추진자(주담당자) ③ 기능지도자	① 추진담당자 ② 주임	① 담당업무의 완결책임 ② 담당목표의 달성책임	대리과장
1등급	① 일반업무의 부담당자 ② 작업담당자	① 일반담당자	담당사무의 실시책임	사원

〈표 2-4〉는 6등급으로 역할을 구분하였을 경우의 역할 개요, 일본 기업에서의 대표직위, 각 역할등급에서의 업적책임, 그리고 이에 대한 한국 기업에서의 해당직급을 표시한 것입니다.

(3) 역할등급의 구분 방법: 역할평가 방법

이분법에 따른 역할등급의 구분을 위해서는 일정한 역할 평가요소, 관점이 필요하게 됩니다. 아래는 관리직, 전문직, 비즈니스프로직과 실무직으로 나눈 경우의 역할평가 사례입니다.

역할평가의 요소, 관점은, 경영관리와 인사관리를 모두 고려하여, 사내에서 공통으로 인식할 수 있는 것, 또는 경영층이 상대적으로 가치를 두는 것으로 선택합니다. 〈표 2-5〉와 〈표 2-6〉은 대표적인 것이긴 하나, 이 요소, 관점에 무작정 따르라는 것은 아니고 이를 중심으로 선택하거나 타요소, 관점을 추가할 수 있습니다. 직무평가 대비 역할평가가 다른 점은 직무가 아닌 사람의 역할을 직접적으로 평가한다는 점입니다.

〈표 2-5〉 관리직·전문직에 관한 역할평가 요소·관점의 예

평가요소	요소
被(피)관리의 모습 (사고환경)	누구의 관리를 받는가, 누구에게 보고를 하는가 상위계층일수록, Top에 가까울수록, 지시가 추상적이어서 어려움
이익의 공헌도	업무활동의 이익 등 업적에의 직접적 또는 간접적인 관계
책임·권한	책임·권한(지휘권이나 재량권)의 크기나 범위 누구를 관리하는가, 관리의 범위 결과책임의 중요성
경영자원의 규모	경영자원(부하의 수, 취급 물량·금액, 기술과 시스템의 규모) 등의 규모나 수준
전략성	구조개혁의 크기, 전략성의 높이나 유효성의 크기, 또는 신규성·혁신성의 크기
난이도(문제해결도)	문제해결의 난이도나 장애극복의 크기
전문성	전문성의 정도나 희소성, 또는 발휘의 효과성

〈표 2-6〉 실무직에 관한 역할평가 요소·관점의 예

평가요소	요소
被(피)관리의 모습	구체적인 지시로부터 포괄적인 지시까지(지시는 추상적일수록 어려움)
이익의 공헌도	업무활동의 이익 등 업적에의 직접적, 간접적인 관계
업무의 형태	정형적인 업무부터 기획적·관리감독적 업무까지 (비정형적일수록 어려움)
판단 대응	양자택일적 판단부터 종합적 판단까지 (종합적 판단일수록 어려움)
절충 대응	정형적 절충부터 응용적 절충까지 (응용적 절충일수록 어려움)
기획 대응	한정적 기획부터 최신·종합적 기획까지 (종합적 기획일수록 어려움)
전문적 지식	전문적 지식에 관해서의 난이도
부하(負荷)	정신부하나 육체부하, 작업환경의 어려움

(4) 역할등급상 기대역할의 명확화(역할등급기준의 명확화)

역할등급 구분을 위해서는 기대역할을 명확히 하는 것이 필요합니다. 임직원 각자가 담당하는 역할에 대해 회사의 기대사항을 분명히 하는 것을 말합니다. 이 때, 주요 포인트는 다음의 관점으로부터 정리하는 것이 원칙입니다.

- 조직의 입장 → 어떤 입장, 역할의 담당자인가?
- 피관리의 모습(직간접 지시를 받는 관계선) → 누군가로부터 어떤 관리를 받는 것인가? 누구에게 보고를 하는 것인가?
- 관리의 모습(직간접 지시를 주는 관계선) → 누구에게 지시를 내거나, 통제를 하거나, 누구와 협력하는 것인가?
- 관리의 범위 → 어떤 범위로 무엇을 대상으로 하는 것인가?
- 기능/미션 → 어떤 미션을 갖는 것인가, 또는 어떤 기능을 다하는 것인가?

- 업적책임의 요소와 관점 → 어떤 분야에서, 어떤 업적을 달성하는 것이 기대되고 있는가, 어떤 기능의 완결상태가 기대되고 있는가?

기본적으로는, 규정상 각 역할등급의 포인트(가이드)를 설정하고 명시해서 이것에 기반해 기말(期末)에 다음 기의 조직내 사원 각자의 담당역할을 할당하는 것이 바람직합니다. 역할기준의 예를 〈표 2-7〉에서 보시지요.

사원이 담당해야 하는 역할은, 조직편제, 인재육성계획단계의 사전에 결정되는 것이 바람직하지만, 현실적으로는 쉽지 않습니다. 사업 환경과 업무 환경은 시시각각 변화합니다. 기본방침이 명확히 있다고 하더라도, 문제가 발생하여 궤도수정이 필요할 때도 있고, 현장의 상황도

〈표 2-7〉 인사 스태프의 기대역할의 예시

항목	인사기획정책 스태프	인사연수 주임
조직상 입장	인사부장의 보좌역으로서의 정책 스태프	연수추진담당자로서의 실무 책임자
직접 관계선 (지시의 모양)	인사부장을 보좌하며, 전부문의 인사·노무 스태프와 관리자를 지도, 조정	인사과장의 요점적 지시의 아래, 연수방침에 기반하여 각 부문관계자를 조정
관리의 범위	인사·노무분야의 정책전반과 시책전반의 기획경영 관련 업무	과장 이하의 계층별, 직능별 연수 코스 관련한 업무
기능·미션	1) 인사·노무정책의 기획입안과 전개의 추진 2) 인사제도의 적절한 운용	연수기획 또는 운영의 추진 정리
기대 업적	1) 연간 인사·노무시책, 계획(채용·이동·임금관계)가 예정대로 완결되고 있는 것 2) 전 부문의 요원이 충원되고 있는 것 3) 노동생산 등의 인사노무에 관한 지표의 실적데이터 표준치의 유지(문제 데이터의 개선) 4) 경영방침에 기반한 인사고과가 달성되어 있을 것	1) 연간의 인사·노무시책, 각 부문의 계층별 또는 기능별 연수요청에 기반한 연수계획이 예정된 예산으로, 원래 계획대로의 이수율일 것 2) 연수 후 다양한 앙케이트 등에 의해 소기의 연수목적이 달성되어 있을 것

일정하지는 않습니다. 따라서 담당역할을 전부 미세하게 구체화해 두는 것은 현실적이지 않고, 각 역할의 포인트를 간결하게 압축해 두는 것이 좋습니다. 구체적인 업적지표에 따른 관리와 결부하여 운용할 수 있도록 하는 것이 인사관리를 적절하게 행하는 조건이 됩니다.

3) 역할등급의 운용

역할 배치와 역할 임용(직책 임용)에 의해, 담당하는 역할에 해당하는 사원의 역할등급은 자동적으로 확정됩니다. 또 사원 각자의 육성을 위해서, 어떤 커리어를 밟게 할 것인가 하는 관점으로부터 역할 배치와 역할 임용(직책 임용)을 검토합니다. 이 경우, 그 커리어 상승의 프로세스상 역할의 준비 단계로서, 역할등급을 확정하여 둡니다. 즉 역할등급의 운용은, 인재활용과 인재육성을 병행하여 행하는 것이 바람직합니다. 그러나, 직무수행능력의 상승이 승격을 의미하는 직능등급제도에서의 승격운용 절차와는 다릅니다.

(1) 역할배치와 역할등급의 확정 방법

사원 각자의 역할등급은 인사배치이동에 의해 자동적으로 확정됩니다. 직무배치 이동 및 직책 임용, 직책으로부터의 이탈은 조직, 직원관리상의 상황과 소속 조직의 질적, 양적인 인원구성 상태와 더불어, 본인의 적성과 능력을 종합적으로 심사, 기안하여 행할 수 있습니다.

신규 입사자가 최초로 부여받는 역할등급은 원칙적으로 신입사원 초임에 걸맞는 역할등급으로 합니다. 중도 채용자에 대해서도 입사 후 담당하는 기대역할에 따라 해당하는 역할등급으로 확정합니다. 신입사원에 대해서는 역할을 완결한 실적이 없기 때문에 종종 일정기간 기대역할과 실제역할의 괴리가 있는 경우가 많습니다. 따라서 일정기간 후, 기대역할과 실제역할의 심사를 행하여 괴리가 있는 경우는, 역할과 역할등급을 수정하도록 합니다.

역할등급은 회사가 역할을 평가했던 등급으로부터 본인이 동일한 역할에 머무는 한, 역할등급의 변경, 직능등급의 승격 등은 일어나지 않습니다. 즉 역할의 변경이 없는 한, 역할등급의 변경은 없습니다.[1)]

(2) 역할등급의 운용

역할등급의 운용은 다음의 5가지가 있습니다.

- 신규입사자 최초 배치시 역할등급의 확정
- 인사이동에 따른 역할 임용, 역할 이탈에 따른 역할등급의 확정
- 역할의 정기개선에 따른 역할등급의 확정
- 발탁에 따른 역할등급의 확정
- 역할도전에 따른 역할등급의 확정

첫째, 신규입사자 최초 배치시 역할등급을 확정하는 운용 방식입니다.

졸업 후 신입사원의 역할등급 적용은 입사 후에 담당하는 직무, 역할을 고려하여 정합니다. 신입사원에 대해서는 초임 시에 결정하는 것이 일반적이지만, 입사 후 1~2년간은 여러 가지 직무를 경험시키는 직무연수를 통해 본인의 직종, 직무적성을 판단하는 것이므로, 담당하는 직무, 역할과 역할등급이 반드시 일치하는 것이라 한정하지 않습니다. 따라서, 일정기간 '가확정 또는 미확정'인 경우도 있습니다.

중도 입사자, 즉 경력직 사원의 역할등급 적용은 각자가 담당하는 기대역할을 고려하여 개별적으로 결정합니다. 즉, 입사 시는 역할등급의 적용을 하지 않고, 입사 후 일정기간의 기대역할에 대한 실적을 판정한 후, 그 뒤에 역할등급의 적용을 결정하는 것도 현실적인 방법입니다.

1) 역할이 커짐에 따라 역할등급이 상승하는 것을 승임, 직무능력이 신장되어 직능등급이 상승하는 것을 승격이라고 부르는 책도 있으나, 본서에서는 역할승진이라고 부르기로 합니다.

둘째, 인사이동에 따른 역할등급을 확정하는 운용 방식입니다.

재직시 인사이동의 실시에 따른 역할 변경이 일어나는 경우에 있어서는 역할등급도 함께 변합니다. 동등한 역할 이동에 있어서는 역할등급이 변하지 않습니다. 인사이동에 의해 역할의 변경이 있는 경우, 역할등급은 이동 후의 역할에 해당하는 역할등급으로 자동적으로 변경됩니다.

셋째, 역할의 정기개선에 따른 역할등급을 확정하는 운용 방식입니다.

원칙적으로 [매년 사업년도의 시작 시]와 [직무역할 배치의 개선 시], 또는 [임금변경 시(예를 들면 4월)] 각자 기대역할과 최근 1년간의 직무수행과 역할완결도의 실적을 확인하고, 역할 내용상의 변경이 있는 경우에는 역할등급을 개선합니다.

넷째, 발탁에 따른 역할등급을 확정하는 운용 방식입니다.

일본식의 역할등급 승진/강직에 있어서 반드시 역할등급을 하나씩 올리거나, 내리거나 하는 것은 아닙니다. 능력이 훌륭해서 발탁하는 경우도 있고, 조직, 인력관리상 중요하게 발탁의 형태가 이루어진 경우도 있기 마련입니다. 역할등급은 사람의 능력신장에 동반한 승격이 아닌, 담당했던 역할의 크기와 중요도에 따른 것이므로, 발탁의 경우에는 반드시 연속해서 한 등급씩 승진해야 하는 것은 아닙니다. 하지만, 최근 한국기업의 정서상, 두 단계 이상의 승진은 과도한 면이 있으므로 현실성이 떨어진다고 보입니다.

다섯째, 도전적 역할에 따른 역할등급을 확정하는 운용 방식입니다.

일정 요건을 충족한다는 것을 전제로 하여, 공모제도[2)]의 결과로서 역할등급의 승진을 행하는 곳도 있습니다.

---

2) 잡 포스팅, 포스트 챌린지, 잡 챌린지라고도 불립니다.

(3) 역할등급 확정의 절차

인사 이동 및 역할 승진/강직에 해당하는 절차는 예를 들어, [부문장이 기안하고, 인사부장이 심사조정하여, 임원회의 심의를 거쳐, 사장이 결정한다]는 라인으로부터의 기안 절차와, [인사부가 인사정책을 책정하고, 부문장과 조정함과 동시에 임원회의 협의를 거쳐 사장이 결정한다]는 인사 정책 전개 절차가 있습니다. 절차는 각 사의 조직운용의 사정에 따라 다양하지만, 후자의 편이 보다 전략적 인사가 됩니다.

한편, 역할등급이 변경되었을 경우, 임금수준에는 어떤 영향을 주게 될까요? 역할등급의 변경은 당연히 임금수준에도 영향을 줍니다. 역할등급이 올라서, 임금이 오르는 것은 문제가 없습니다. 그러나 역할등급이 내려가서 임금이 내려가는 경우는 임금의 변경에 대한 원칙과 규정이 필요하게 됩니다. 일반적으로는 급격한 변화를 완화하는 조치로서 일정기간은 이동 전에 임금수준을 보전하는 등 배려를 하는 조치가 필요하고, 이로써 이동을 보다 부드럽게 할 수 있습니다. 그러나 역할등급의 변경이 있음에도 불구하고, 일정기간 이후에도 그대로 임금의 변경을 행하지 않는 경우는 '동일역할, 동일취급'이라 하는 공정성의 원칙에 벗어나게 됩니다.

3. 역할등급제도의 유형

역할등급제도는 역할의 종류 또는 역할등급체계의 구조방식, 운용방식에 따라 여러 유형이 있고, 획일적인 것은 아닙니다. 기본적인 역할등급의 유형은 지금까지 살펴보았고 이제부터는 역할등급제도를 조금 더 심화하여 해설해 봅니다.

[그림 2-5] 역할등급제도의 유형

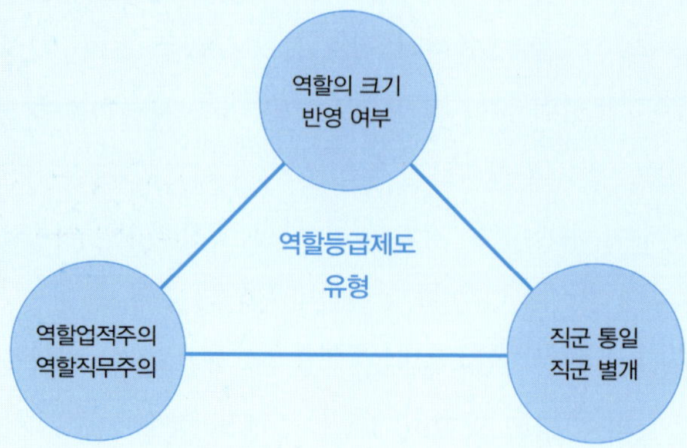

1) 역할의 크기 반영 여부에 따른 역할등급제도의 유형

(1) 역할의 크기를 반영한 역할등급

역할등급에는 역할의 차이만으로 역할등급을 설정하는가, 또는 역할의 크기를 반영시킨 역할등급을 설정하는가의 두 가지의 유형이 있습니다. 역할(기능)의 차이만으로 구분하는 타입은 동일역할, 동일역할등급이 원칙입니다. 역할과 그 사이즈의 차이로 구분하는 타입은 동일역할, 동일사이즈, 동일역할등급이 원칙입니다. 역할과 그 사이즈의 차이로 구분하는 유형의 역할등급은 예를 들면 다음과 같은 경우입니다.

첫째, 경영자원에 대해 책임규모를 반영시킨 것에 따라 역할등급이 다른 경우입니다.

- 지점장=매출규모가 큰 지점의 지점장과 매출규모가 작은 지점의 지점장과는 역할등급을 구분하는 경우

- 공장장=생산규모가 큰 공장의 공장장과 생산규모가 작은 공장의 공장장과는 역할등급을 구분하는 경우
- 부문장=부하의 수가 큰 부문의 부문장과 적은 부문의 부문장과는 역할등급을 구분하는 경우

둘째, 이익창출의 공헌도가 직접적인지 아닌지에 따라서 역할등급이 다른 경우입니다.

영업부장과 같은 직접부문 부장과 관리부장과 같은 간접부문 부장의 역할등급을 나누는 경우입니다. 이 경우는 이익창출의 공헌도가 직접적인지 아닌지에 따른 구분입니다.

셋째, 전략 공헌도와의 관계가 직접적인지 아닌지에 따라서 역할등급이 다른 경우입니다.

경영기획 스태프와 제품개발 스태프, 기술개발 스태프 등의 [전략적 스태프]와 생산관리나 판매관리의 [관리 스태프] 또는 사무처리 스태프 등의 [서비스 스태프]와 역할등급을 나누는 경우입니다. 이 경우는 전략의 중요성에 착안한 것입니다. 전사 스태프와 부문 스태프의 역할등급을 나누는 경우는 관리 범위의 크기 차이에 착안한 것입니다.

이와 같이 같은 역할이더라도, 역할평가의 요소 관점을 설계하여 역할등급을 구분합니다. 각 역할을 역할등급의 크기와 기준에 따라 해당 역할등급에 위치시킵니다. 역할과 그 크기에 따른 차이를 반영시킨 역할등급의 체계는 〈표 2-8〉과 같이 정리될 수 있습니다. 또 역할과 그 크기에 따른 차이를 반영시킨 역할등급 체계의 예는 〈표 2-9〉와 같습니다.

〈표 2-8〉 역할과 크기에 의해 구분하는 역할등급체계의 유형 비교

구분항목	역할구분에 의한 역할등급제도	역할과 크기의 구분에 의한 역할등급제도
등급의 의미	역할을 기능의 차이로 등급구분하여 등급을 매긴 것	역할을 기능과 크기의 차이로서 등급구분한 등급을 매긴 것
등급의 원칙	[동일역할, 동일등급]	[동일역할, 동일크기, 동일등급]
등급운용	승격제도 없음	승격제도 없음
평가운용	역할의 평가(서열화, 분류화)	역할과 역할크기의 평가(서열화, 분류화)
역할등급의 재검토	담당의 역할사이즈에 변경이 있어도 등급의 재검토는 하지 않음	담당의 역할크기나 가치에 변경이 있는 경우는 등급을 재검토함
사이즈의 기준	–	1) 경영자원에 따른 책임 규모(사람·물건·재정·시장·기술의 다양성 등의 규모) 2) 전략성, 중요성 3) 이익에 대한 직접적 성과 공헌도 4) 관리범위의 정도 5) 전문성 6) 상사보좌의 계층성 7) 업무추진의 주도성 8) 리스크 책임성

〈표 2-9〉 역할과 크기에 의한 역할등급체계 예시

역할등급	역할특성: 대표직위	역할등급기준의 개요
8등급	사업부장·본부장	주요사업부문의 부문 총괄책임자 또는 경영보좌·대행직
7 등급	기획개발·관리통괄부문의 부문장	기획개발·관리통괄부문의 총괄책임자 또는 경영스태프
6 등급	사업부문 내의 부장 사업기획운영 스태프	사업부문의 부문책임자 또는 사업부장의 기획운영스태프
5 등급	대규모 또는 기획개발·관리총괄의 부서장	대규모 또는 기획개발 ·관리총괄의 부서장 (규모에 관해서는 별도로 정한다)
4 등급	실무총괄부서의 부서장 기획·개발 전문가	팀(실무총괄부서)의 부서장 또는 기획·개발형 직무의 전문가
3 등급	실무전문가	실무의 지도감독직 또는 실무형 전문가 실무의 기획추진 스태프
2 등급	실무추진직	자기완결형 실무추진담당자
1 등급	일반담당직	일반업무나 작업의 담당자(담당업무의 실시자)

(2) 역할 크기의 요소, 관점과 기준

역할과 그 크기에 따른 차이를 반영시킨 역할등급은 (1) 역할 크기의 구분과 (2) 역할평가의 요소, 관점과 기준을 명확히 해야 합니다. 이를 통해 각 역할을 역할등급에 위치시킬 수 있습니다. 그 경우, 관리직, 전문직, 실무직은 각각 역할에 따라서 기대 수준이 다르기 때문에 평가요소, 관점과 기준은 상이합니다. 또는 평가요소 관점은 같더라도, 그 역할의 평가 비중을 바꾸는 것이 필요합니다. 역할평가의 요소, 관점과 기준 선택방법은 사업특성과 경영이념, 경영방침 또는 경영환경에 따라 다소 변화합니다. 왜냐하면, 역할의 평가는 절대적 평가가 아닌, 어디까지나 해당 기업에 있어서 경영상 또는 관리상의 상대적 가치의 관점으로부터 평가하는 것이기 때문입니다. 단, 빈번하게 요소 관점과 기준을 변경할 경우 인사관리의 안정성을 잃어버리기 때문에, 중장기적으로

〈표 2-10〉 역할평가기준(관리·전문직의 예)

평가요소	Level1	Level2	Level3
被(피)관리의 모양	팀의 포괄적 실시방침까지	부문의 포괄적 실시 방침까지	전체 회사 또는 부문의 추상적 기본 방침까지
책임·권한	부서 내(중소규모)의 범위까지	부문 내(대규모)의 범위까지	경영의 범위~사업부 전체의 범위까지
경영자원의 관계	소규모 또는 특정자원의 활용관리	중규모 또는 특정자원의 투입·활용·재고	총합적인 자원의 투입·활용·재고
이익에의 공헌도	부서의 이익에 간접적인 공헌	사업이나 부문 전체의 이익에 간접적인 공헌 부서의 이익에 직접적인 공헌	주도적으로 부문 전체의 이익에 직접적인 공헌
전략성	유지개선적 전략	점진적 개선 전략	혁신적 전략
난이도	실무적으로 종합판단하여 문제해결 필요	사업이나 부문내 정책적으로 판단하여 문제해결 필요	전사적 차원에서 정책적으로 판단하여 문제해결 필요
전문성	기존 노하우의 종합적 활용 필요	신규기획 대응 필요	고도의 전문성 필요

〈표 2-11〉 역할평가기준(실무직의 예)

역할등급	Level1	Level2	Level3	Level4
被(피)관리의 모양	실무의 구체적 지시까지 받아야 함	실무의 요점적 지시까지는 받아야 함	실무의 포괄적 지시까지 받으면 충분함	실무의 방침적 지시까지 받으면 충분함
책임·권한	정형	정형판정	응용판정	기획감독·지도
경영자원의 관계	단순판단	유형판단 현재적 분석	기준해석판단 잠재적 분석	실무의 종합적 판단
이익에의 공헌도	단기적이고 간접적인 이익공헌	단기적이고, 직접적인 이익공헌	중기적·간접적인 이익공헌	중장기적으로 주도적인 이익공헌
절충 대응	정형적 연락 보고(설명 대응)	정형적 협의 절충(설득 대응)	완급조절을 통한 절충(협상 대응)	조직적 조정 제휴 절충
기획 대응	절차수순의 개선 대응	방법의 부분개선	기존의 개선 응용 기획 개발	기존의 전체개량 신규·개발
전문성	보조적 수준	매뉴얼적 지식 스킬 수준	경험적 지식스킬 대응 수준	체계적 지식스킬 대응 수준

는 개선하더라도, 단기간 내에 이리저리 변경하는 것은 피해야 합니다. 역할평가의 요소, 관점과 기준의 예는 다음과 같습니다(〈표 2-10〉, 〈표 2-11〉). 한국기업에서는 팀제가 보편화되어 있으므로 팀장 직책까지지도 포함하여 그 역할을 평가하도록 합니다.

2) 역할업적주의와 역할직무주의에 따른 역할등급제도의 유형

(1) 역할업적등급제도와 역할직무등급제도

역할을 묶어서 역할등급을 설정할 때, 조직과 직무의 변동에 유연하게 대응하기 위해서도 역할은 크게 묶는 것(브로드밴드)이 역할등급제도의 설계상에서도, 임금운용상에서도 현실적입니다. 그러나 임금관리상 역할등급을 더욱더 자세하게 구분하고 싶을 경우도 있습니다. 이 역할등급의 재구분은 업적에서 구분하는 역할업적등급제도와 직무에서 구분하는 역할직무등급제도의 두 가지가 있습니다.

- 역할업적등급제도에서는 크게 묶인 동일역할등급을 표시하는 것이 일반적입니다. 이 경우, 임금제도에 있어서 임금테이블상에서 업적그레이드를 설계하여 업적고과에 따라 업적그레이드를 결정하며 이것은 중기적인 인센티브에 반영됩니다. 따라서 업적등급 그레이드는 역할등급상에서는 표시되지 않고, 평가비누적역할업적급에 임금의 평가 변경 테이블에서 그레이드로서 표시됩니다(업적 그레이드를 강하게 의식하는 제도로 하는 경우는 역할구분과 업적 그레이드를 역할체계로서 명시합니다). 이 경우는 직무평가가 필요없습니다.

〈표 2-12〉 역할업적등급의 예시

역할등급	역할계층	대표직위*	그레이드
6	경영기획보좌직 부문통괄자	사업부장·본부장	Ⅲ
			Ⅱ
			Ⅰ
5	부문장 경영기획관리 스태프	부장·실장 연구개발소장 공장장·지점장	Ⅲ
			Ⅱ
			Ⅰ
4	부서장 부문기획관리 스태프	과장(課長)·과장(科長) ·영업소장	Ⅲ
			Ⅱ
			Ⅰ
3	기획추진지도자	주임·계장 기획진출지도자	Ⅲ
			Ⅱ
			Ⅰ
2	추진담당자	엔지니어 치프오퍼레이터 추진담당자	Ⅲ
			Ⅱ
			Ⅰ
1	일반담당자	일반담당자 오퍼레이터	Ⅲ
			Ⅱ
			Ⅰ

* 여기에 소개된 과장, 주임, 계장은 일본 기업에서의 직급이고 한국 기업으로 치자면 각각 팀장, 차장, 과장 정도가 될 것입니다.

- 역할직무등급제도에서는 직무의 상대적 가치(중요성, 관리부하(관리의 어려움), 추진부하(추진의 어려움), 난이도, 전략성, 공헌도)에 따른 처우의 격차를 설계해서 운용합니다. 이 때문에 크게 묶인 역할등급을 직무의 차이에 따라 재분할하여 직무등급을 설정합니다. 각 직무는 직무등급에 위치시킨 직무등급별 임금관리를 행합니다. 따라서 역할직무등급을 설정해서 표시하고, 직무의 명확화, 직무의 평가 등 직무관리를 행합니다. 단, 관리가 엄밀하게 되는 경우, 유지관리의 어려움이 남습니다. 결론적으로 직무평가가 필요하며, 이

〈표 2-13〉 역할직무등급의 예시

역할 랭킹	역할계층	직무 등급	해당직무·대표직위			
			연구부문	생산부문	경영부문	사무부문
6	경영보좌직 부문통괄자	17	주요 사업부장, 사업지원본부장, 사업개발본부장			
		16	사업부장, 연구개발소장, 경영기획실장			
		15	연구실장	주요 공장장	주요 지점장 경영부장	본사부장
5	부문장	14		공장장	지점장	사업부부장
		13	연구개발과장			
		12		공장부장	지점부장	
4	부서장	11	연구개발리더	기술과장	경영소장	기획과장
		10		제조과장	경영과장	관리과장
		9				업무과장
3	기획추진 지도자	8	연구개발주임			
		7		기술주임	경영주임	사무주임
		6		제조계장		
2	추진담당자	5	연구개발담당자	엔지니어	시장개척영업	
		4		치프 오퍼레이터	고객담당영업	사무진출자
		3		다기능 오퍼레이터		
1	일반담당자	2	실험담당자			사무담당자
		1	실험어시스턴트	단순 오퍼레이터		

〈표 2-14〉 역할직무등급의 예시 (금융업의 예시)

직급	부장	지점장	차장	수석 조사역	조사역	섭외 대리	내근 대리	섭외 담당	텔러	사무 담당
15	Ⅰ*	Ⅰ								
14	Ⅱ	Ⅱ								
13		Ⅲ	Ⅰ	Ⅰ						
12		Ⅳ	Ⅱ	Ⅱ						
11			Ⅲ		Ⅰ					
10			Ⅳ		Ⅱ					
9						Ⅰ				
8						Ⅱ				
7						Ⅲ	Ⅰ			
6							Ⅱ	Ⅰ		
5							Ⅲ	Ⅱ		
4								Ⅲ	Ⅰ	
3									Ⅱ	Ⅰ
2										Ⅱ
1										Ⅲ

* Ⅰ, Ⅱ, Ⅲ은 동일역할 내 직무의 크기에 따른 차이

것은 직무급의 운용방식과 동일합니다. 역할업적제도와 역할직무제도에서의 역할등급체계 예를 〈표 2-12〉부터 〈표 2-14〉까지 표시하였습니다.

(2) 역할업적등급제도와 역할직무등급제도의 비교

역할업적등급제도와 역할직무등급제도에 따른 특징들은 〈표 2-15〉와 같이 정리할 수 있습니다.

〈표 2-15〉 역할등급제도의 타입의 비교: 업적과 직무에 의한 역할등급 안의 분류

구분	역할업적등급제도	역할직무등급제도
등급 종류	역할을 브로드밴드하여, 역할 안에서 업적 그레이드로 재분할	역할을 브로드밴드하여, 역할 안에서 직무 그레이드로 재분할
등급 표시	역할등급제도의 안에서 업적 그레이드는 표시하지 않고, 임금 테이블에 표시함	동일역할에서도 개별 직무 사이즈가 다르면, 직무등급을 구분하여 역할직무등급으로서 표시함
역할	역할계층별 서열 또는 분류 (이 경우 직무평가 불필요)	역할 또는 직무평가에 의한 서열 또는 분류
제도 의미	동일역할로 중장기적으로 재직하여도, 업적고과에 기반한 업적 그레이드의 업다운에 의해 임금격차를 반영	동일역할에서도 직무내용이나 사이즈에 따른 직무등급을 구분하여 동일직무 동일임금의 합리성을 가짐
등급수	일반적으로 5~8등급	일반적으로 12~20등급
특징	동일역할은 동일등급으로 합리성이 있지만, 개별 직무사이즈의 차이는 반영되어 있지 않기 때문에, 동일역할 안에서 업적공헌도를 그레이드의 업다운에 반영하여 임금관리를 행함	동일등급에서는 개별의 직무와 사이즈에 의해 유사한 가치의 역할에 등급을 매겨 합리성을 가짐. 등급수가 많아지고 직무 관리운용에 다소 번잡하고 어려움이 있음
적합성	직무나 역할에 탄력성이 있고, 조직의 변동에도 비교적 탄력적인 대응이 가능함 제너럴리스트 지향의 인재활용 적합	엄밀한 직무의 관리를 행하는 스페셜리스트 지향의 조직에 적합. 외부환경의 변동대응은 곤란함
인사운용 용이성	인사이동에 의한 직무, 임금의 운용이 비교적 용이하고, 임금에 업적을 반영하여 보상에 인센티브 성격을 확보하는 것이 가능함	직무관리의 합리성은 있지만, 인사이동에 의한 직무·임금의 운용관리에 번잡함이 있음

3) 직군의 차이에 따른 역할등급제도의 유형

(1) 직군별 역할등급제도

직군별 역할등급제도라고 하는 것은 예를 들면 영업직군, 생산직군, 기술직군 등과 같이 직군별 역할계층의 역할등급을 가진 인사제도를 말합니다. 이 제도는 직군 특성의 차이에 따라 직군 간 등급기준의 통일성에 구애받지 않고, 여러 직군마다 역할등급을 설정한 제도입니다. 직군

특성에 맞춘 인사관리를 행할 수 있기 때문에 직군별로 합리적인 인사관리를 행할 수 있습니다. 즉, 직군별 인사관리와 기능강화에 다양성을 갖게 하여, 전략적 인사관리의 강화를 도모하는 것입니다. 직군별로 평가항목과 방식, 또는 임금수준과 임금관리에서도 차이를 갖는 인사제도입니다.

(2) 직군별 역할등급의 체계

직군별 역할등급은 직군의 분류와 역할계층의 분류(역할등급)가 중요합니다. 우선, 직군의 분류에 있어서는 '어느 정도로 묶을 것인가'의 검토가 있습니다. 기본적으로는 연구개발직, 영업직, 생산제조직, 사무관리직, 물류직 등의 기능별 분류가 원칙입니다. 제조업의 경우, 일반적인 가치사슬(Value Chain)을 생각하시면 됩니다. 거기에 중점적인 기대역할에 따라, '어떠한 인사정책으로 임할 것인가' 하는 검토가 필요합니다. 예를 들어, [매니저 직군을 독립시킨 역할등급으로서 위치시킬 것인가] 또는 [매니저 직군을 연구 직군과 영업 직군 등 각 직군의 역할등급 상위에 위치시킬 것인가] 등이 하나의 포인트가 됩니다. 매니지먼트 기능을 중시해서 매니저 직군을 [그림 2-6]처럼 독립시키는 경우는 어떤 부문, 직군에서도 매니저의 역할은 인사관리상 동일한 취급을 합니다. 구체적으로는 영업부장에서도 개발부장에서도, 부장이라고 하는 관점에서는 동일역할등급이므로, 인사관리상 매니저 기능을 강화해 중점을 둔 기대역할을 합니다. 철저히 매니지먼트 관리의 관점에서 평가를 행하고, 인사관리와 처우에 연동시키는 것입니다. 이 경우, 부문간의 인사이동(예를 들면 개발부장에서 영업부장으로 이동)을 해도 원칙적으로 임금관리상 동일한 취급을 합니다. 즉 임금수준의 변경은 없습니다.

한편, [그림 2-7]처럼 영업부장은 영업직군의, 또 개발부장은 개발직군의 상위 역할등급에 위치시키는 경우, 같은 매니저직이라도, 여러 가

[그림 2-6] 직군별 역할등급체계의 예시(매니저 직군 독립 유형)

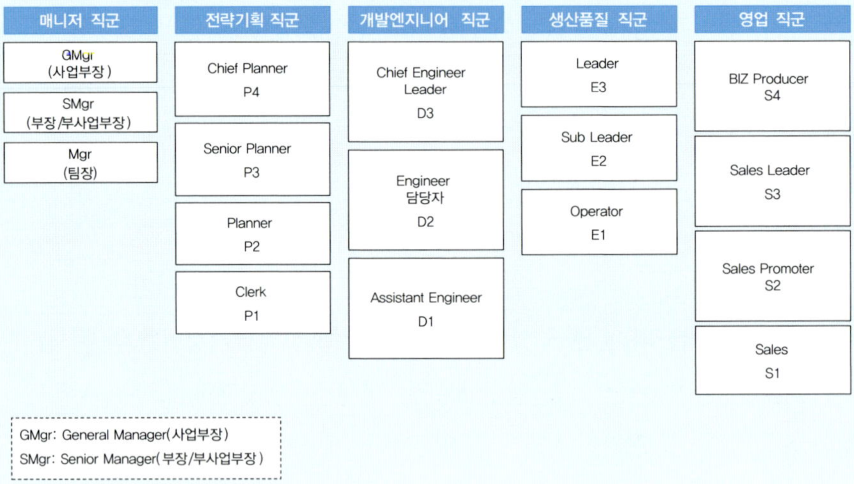

[그림 2-7] 직군별 역할등급체계의 예시(직군별 매니저 유형)

지의 직군 특성을 가지도록 한 인사관리상의 취급이 원칙입니다. 이 경우, 부문 간의 인사이동(예를 들면, 개발부장으로부터 영업부장으로 이동)은 임금관리상의 변경도 있게 됩니다. 따라서, 매니저 직군에 대해서는 어떤 역할을 기대하고, 어떤 인사정책을 행할 것인가 하는 방침을 세워서 직군을 묶는 방법을 선택합니다. 직군별 역할등급체계의 예를 [그림 2-6]과 [그림 2-7]에 나타내었습니다.

(3) 직군별 역할등급 수

직군별 역할등급의 수를 결정하는 기준은, 직군별 역할계층을 감안하여 설계합니다. 각 직군의 역할등급 기준은 [직군 공통의 관점에서 설정하는 방법]과 [각 직군별 관점에서 설정하는 방법]이 있습니다.

- [직군 공통의 역할등급 기준]의 대표적인 예는, 각 직군공통의 역할단계에 있어서 '기능의 크기나 복잡성', '책임의 경중', '관리 범위의 크기', '대상의 크기나 복잡성' 등의 관점으로 역할등급 기준을 설정하는 것입니다.
- [직군별 역할등급기준]은 직군 특성을 반영하여 역할등급기준을 설정합니다. 생산 직군의 역할등급 기준은 '역할의 난이도, 부하, 중요성'의 관점으로, 사무기획 직군의 역할등급 기준은 '역할의 난이도'의 관점을 포인트로 하여 설정하는 등, 직군 특성에 의해 기준의 요소나 관점을 설정합니다. 직군간 횡단적인 기준의 통일성은 그다지 문제되지 않습니다. 오로지 동일직군 내의 역할서열을 중시합니다.

〈표 2-16〉에 역할등급기준의 예를 나타냅니다. 연구개발 엔지니어로서, 상품의 연구개발 또는 요소기술 개발, 또는 연구개발에 동반한 기술활동과 관련된 담당하는 프로젝트를 기획추진하고, 기대되는 연구개발 성과에 관해서 업적책임을 갖는 역할을 3개의 등급으로 나누었습니다.

〈표 2-16〉 연구개발 엔지니어 직군 역할등급기준의 예시

역할등급	대표직위	역할의 개요
D3	프로젝트 리더 Chief Engineer	대규모·중요한 또는 중장기 선행 연구개발 프로젝트에 대한 프로젝트 리더로서, 소수의 멤버를 지도조정하여, 연구개발 활동의 추진을 행하고, 소관 프로젝트 성과에 대한 결과책임을 갖는 역할
D2	프로젝트 담당자 Engineer	일반연구개발의 프로젝트에 관해서, 프로젝트의 주담당자로서 관계자와 조정하고, 연구개발 계획·실행예산의 책정 또는 연구개발 활동의 추진을 행하며, 그 프로젝트의 성과에 대한 결과책임을 갖는 역할
D1	어시스턴트 Engineer	연구개발 프로젝트의 부담당이나 서브 프로젝트를 분담하여 연구개발 업무를 행하며, 주요 프로젝트 완결의 공헌책임을 갖는 역할

〈표 2-17〉에 전략기획 직군에서의 역할등급 기준 예를 나타내었습니다. 전략기획을 수행함에 있어서 일반업무의 담당자 수준인지, 자기완결형 단위업무의 주담당자 수준인지, 부문장의 스태프 보좌 수준인지, 회사 전체의 플래너 및 통제자 수준인지에 따라 역할을 4개의 등급으로 나누었습니다.

〈표 2-17〉 전략기획 직군 역할등급 기준의 예시

역할등급	대표직위	역할의 개요
P4	Chief Planner	전략 스태프로서 단독 또는 소수의 멤버를 지도조정하여, 특정 전문분야 또는 경영전략적 과제를 담당하는 기획조사·관리지원·기획·개발 등에 관한 플래너 및 통제자의 역할
P3	Senior Planner	부문장의 스태프 보좌로서, 단독 또는 소수의 멤버를 지도조정하여 특정 전문분야 또는 특정 과제를 담당하는 기획조사·관리 서비스 지원, 기획·개발 등에 관한 실무의 플래너 및 통제자의 역할
P2	Planner	자기완결형 단위업무의 주담당 추진자로서 조사·관리 서비스 지원, 사무처리 등에 관한 실무의 플래너 및 통제자의 역할
P1	Clerk	일반업무의 담당자 또는 사무 지원자

〈표 2-18〉 영업 직군 역할등급 기준의 예시

역할등급	대표직위	역할의 개요
S4	Chief Salesman	영업 노하우를 구사하여 영업활동 전반을 관장하며, 뭇사람들이 인정하는 영업업적을 유지·향상시키고 있는 고성과를 창출하는 영업 인력
S3	Senior Salesman	영업 노하우를 구사하여 영업활동 전반을 행하며, 일정 이상의 영업업적을 향상시키고 또한 그것을 유지하고 있는 영업 인력
S2	영업추진	영업 노하우를 구사하여 영업추진 활동을 행하며, 일정 이상의 영업실적을 유지하고 있는 영업 인력
S1	일반영업	기본적인 영업 노하우를 갖고 있으며, 판촉 활동을 행하는 영업 인력

〈표 2-18〉에 영업 직군에서의 역할등급 기준 예를 나타내었습니다. 영업 세일즈로서 어느 정도의 시장정보나 네트워크를 가지며, 어느 범위의 도매점, 대량판매점 또는 전문점 등의 소매점을 담당하고, 얼마나 자사·타사의 상품·시장에 대해서 정통하며, 매출·이익 또는 신규개척의 목표를 내걸고 얼마나 경영업적을 유지·향상시키는지에 따라 역할을 4개의 등급으로 나누었습니다.

(4) 직군별 역할등급 운용기준

직군별 역할등급제도의 운용기준 중에서도 여기서는 인사배치에 의해 직군별로 역할등급이 변경되었을 경우를 다루어 봅니다. 재직 중에는 인사이동에 의한 직군 전환과 역할등급의 변경이 있게 됩니다. 인사배치 또는 인사이동의 실시는, 직군 내 이동과 직군간 이동하는 경우가 있습니다. 직군간 이동하는 경우를 직군 전환이라 할 때, 조직의 사정으로 직군 전환하는 경우는 이동 전의 근무실적을 감안하여 이동 후의 기대역할을 결정하고, 그 기대역할을 기반으로 역할등급의 변경을 판단하는 것이 원칙입니다. 그러나 직군별 역할등급의 변경에 의해 임금이 내려가는 경우가 있어도 본인에게 불이익이 되지 않도록 일정기간은 이동 전의 임금을 보전하는 조치를 취하는 편이 이동을 보다 부드럽게 합니다. 따라서, 직군 전환에 있어서 '역할등급의 변경'과 (후술하겠지만) '역할급 변경의 처리'를 사전에 결정해 두는 것이 현실적입니다. 역할등급을 부여하되, 현재의 역할을 기반으로 역할급은 이동 전의 업적을 누적하여 반영하고 있는 것이기 때문에, 이동 후 일정기간 조정조치(예를 들면, 팀장 이하의 경우에는 1년간 평가에 있어서 중간 등급을 보장한다든가)를 취하는 것이 일반적입니다.

4. 역할등급제도 설계의 고려사항

역할등급제도 설계에서 고려할 것으로서 역할등급제도에 선행하는 조직의 전략과 조직구조가 있습니다. 전략적 인적자원관리 차원에서 어떠한 관계가 있는지를 언급할 필요가 있습니다. 또한, 실무적으로 역할등급을 적용하는 데 있어서의 조언을 드리고자 합니다.

1) 선행하는 전략과 조직구조

역할등급제도를 설계할 때는 비즈니스 모델의 재구축, 그리고 경영전략이나 조직구조의 영향을 크게 받습니다. 예를 들어, 사업개발형 전략체계로의 이동, 기능의 아웃소싱 또는 조직의 슬림화, 프로젝트 조직의 활용, 사업부제로의 이행 등에 따라 관리 계층이나 각 역할의 관리 범위(Span)가 변경됩니다. 따라서 조직개편이 있다면 역할등급제도의 도입 전에 중장기적 조직방침으로서 조직구조를 명확하게 해두어야 합니다.

전략의 위계가 미션(Mission), 비전(Vision), 기업전략(Business Strategy), 경쟁전략(Competitive Strategy), 기능전략(Functional Strategy)으로 내려가는 것은 모두 알고 계실 것입니다. 이는 미션을 태양으로 삼아 도는 태양계(Solar System)와 같아서 태양과 가까이 있을수록 굳건하고, 멀리 밖으로 갈수록 가변적입니다. 인사전략(HR Strategy)은 기능전략에 해당하니까, 기업전략이나 경쟁전략이 환경변화에 따라 수정되면 당연히 변경될 수 있습니다. "우리는 중국 서부 내륙지역을 새로운 생산 거점으로 삼아 공장을 지어 제품을 생산하고, 중국 시장 전역을 내수 시장으로 보아 202X년도까지 매출액 얼마, 영업이익 얼마를 달성하겠다"는 기업전략 및 목표가 주어진다고 가정합시다. 경쟁전략은 차별화 전략, 원가우위 전략, 집중화 전략이 본원적 전략이니까 이 중에서 어떤 것이든 선택하여야 합니다. 그리고 나면 인사전략은 [중국 서부 내륙지역 한인 및 중국인 전문가 확보], [중국 서부 내륙지역 우수 현지직원 채용 및 육성], [지역 주재원 조기 투입을 위한 현지화 프로그램 구축] 등등이 나올 수 있을 것입니다. [조직은 전략을 따른다(Structure follows strategy)]고 한 바 대로, 전략에 따라 조직도 당연히 바뀝니다. 사업장이 중국 서부지역에 하나 생기는 셈이니 총경리 휘하 다수의 지원부서와 생산팀들이 생깁니다. 판매를 위한 별도의 법인이나 지점도 구축이 될 것입니다.

이처럼 경영전략이나 경영계획의 전개에 따라서 강화해야만 하는 기능이 있을 수 있는데, 이때는 어떤 직군을 강화해야만 하는가에 대해서도 중장기적 조직방침으로서 명확하게 해두어야 합니다. 즉, 경영전략이나 경영조직에 대한 기본구상을 하고 조직상의 과제 해결을 위해, 주요 직군, 직렬에 대해서 때로는 직무에 이르기까지 기대해야 하는 포인트를 명확하게 해 두는 것이 중요합니다. 그래야 역할등급제도 도입에 따른 목적을 실현할 수 있습니다.

경영전략과 경영조직의 변경이 있다면 인사제도(HR Practices)는 영향을 받습니다. 채용, 직무, 직급, 평가, 보상, 승진, 이동배치, 교육훈련 등의 제반 제도들은 이러한 전략이나 조직에 적합하도록 설계되고, 운영되어야 합니다. 전략이나 조직이 빈번하게 변경되고, 명확하지 않으면 인사제도 설계는 그 근거를 잃고 표류하게 됩니다. 그야말로 전략과 정합성을 갖는 인사가 아닌 셈이 됩니다. [전략적 인적자원관리]가 아닌 것이지요.

(1) 조직개편의 빈도에 따른 역할등급제도 설계

조직설계에 있어서 [업무분장]과 [책임, 권한]을 어떻게 해야 될까가 포인트입니다. 역할등급제도의 설계에서는 직군의 존재방식, 그리고 역할등급의 수를 어떻게 하는가가 포인트입니다. 이것들은 역할을 [가로로 어떻게 묶을까] 하는 것과 [세로로 어떻게 묶을까] 하는 것입니다.

따라서 이 두 가지의 관점부터 검토하고 정리합니다. 조직이 얼마나 수직적인가, 혹은 수평적인가를 의미하는 조직계층은 역할등급에 큰 영향을 미치기 때문에 사전에 정비해 두지 않으면 안됩니다. 역할등급제도 도입 후에 조직의 재편이 일어나더라도, 역할등급제도의 설계에 문제를 남기지 않도록 역할을 세세하게 설정하기보다는 크게 묶어서 사전에 이에 대한 대응을 해 두는 것을 권장합니다.

즉, 전략이 자주 수정되고, 조직개편이 자주 일어나는 산업에서는 역할등급을 자세하게 구분하기보다는 크게 묶어서 구분하는 것이 좋습니다.

(2) 각 직책의 포지셔닝 방침의 결정

조직구조의 설계와 재편 빈도에 관한 문제가 해결되고 나면서 각 직책, 역할을 어떤 위치에 둘까(어떻게 평가할까), 포지셔닝 방침을 책정합니다. 포지셔닝 방침의 책정에서는 역할의 서열화, 분류화를 한 후에 더 나아가서 역할평가의 포인트를 어디에 둘까를 결정합니다.

구체적으로 해당 기업마다 전략구상과 조직강화를 향한 사원에 대한 인센티브와 공평성, 납득성을 높이기 위해 역할평가의 요소, 관점과 기준에 대한 중요성의 비중(Weight)을 검토합니다. 이 경우 방침의 방향과 비중은, 기업으로서, 조직으로서의 경영전략상의 관점으로부터 설정하는 것이고, 메시지의 내용과 수용성이 중요합니다. 이 역할평가요소, 관점과 기준이 정해지면 역할의 서열평가, 자격평가의 포인트가 결정됩니다.

2) 후행하는 역할등급제도의 적용

(1) 역할등급제도 유형의 선택

역할등급제도에는 여러 가지 유형이 있습니다. 우선 어떤 유형을 선택할 것인가를 결정해야 하는데 제도는 가급적 단순한 것이 더 좋지만, 제도를 단순하게 하고 유연하게 운용의 묘를 살릴 것인지, 혹은 제도를 다소 상세하게 하고 운용의 폭을 좁혀 예외의 부담을 없앨 것인지는 각사의 실정에 맞게 판단합니다. 유형의 선택에 있어서는 다음의 관점으로부터 검토합니다.

사업특성

- 사업형태에 따른 성과 완결기간이 어떠한가?
  성과완결기간이 긴 사업과 짧은 사업(제조업, 유통업, 서비스업)
- 단일 사업인가 복합 사업인가?
- 사업에 있어서 경쟁상태와 스피드는 어떠한가?
  경쟁의 차이: 가격 경쟁과 원가 경쟁, 기술 경쟁, 판매력 등
  사업의 스피드(제품 라이프 사이클의 장단)
- 사업의 수입구조(박리다매, 고부가가치, 고액투자)는 어떠한가?

기업의 규모와 사원수

조직기능의 다양성과 복잡성(강화해야 되는 기능과 직종에의 기대도)

- 주도적 직군과 종속적 직군은 무엇인가?
- 기획 직군과 오퍼레이션 직군은 무엇인가?
- 인력 구조(전문가 인력, 오퍼레이션 인력)는 어떠한가?

조직/인사의 방침과 관리/운용 능력

지금까지의 임금관리의 실태

조직문화와 분위기

어떻게 임직원을 바라보고, 인사제도를 운영하고 싶은가에 대한 최고경영자의 인사이념

(2) 역할등급과 역할등급 기준의 설계

역할등급제도 유형을 선택하고 나면 핵심역할을 추출하고 그것을 기반으로 역할기준을 작성해 봅니다. 역할기준을 조합하거나 분류해서 역할등급체계를 설계하고, 아울러 역할기준을 정리하고 작성합니다.

역할등급 체계 설계에 있어서, 반영시키는 역할급의 이미지와 임금의 운용형태를 병행해서 검토합니다. 특히, 어떤 역할급을 선택할 것인지 검토합니다(역할급의 유형에 대해서는 제3장에 서술하였습니다). 그러한 것들에 의해 역할등급 운용과 임금 운용상에 있어서의 정합성 문제가 있을까 없을까를 검토해 봅니다.

역할기준은 대표적인 역할에 대해서의 포인트를 기반으로 작성합니다. 전체의 역할에 있어서 역할기준을 작성하는 것이지만, 역할의 실태는 환경 조건에 의해서도 다양하게 변동합니다. 따라서, 전체의 역할에 있어서는 담당하는 관리자나 실무자 본인 또는 그 상사가 그 역할 특성의 포인트를 정리하고 역할등급기준에 비추어 각 역할을 인식해서 역할

등급으로 평가할 수 있도록 필요조건을 정리해 둡니다.

(3) 각 직책, 역할의 역할등급 가평가와 운용기준의 설계

[역할등급과 역할등급기준의 설계]와 [각 역할의 파악과 평가의 조건]이 정리되면, 다음의 단계로서 전 사원 역할의 파악과 가평가의 실시를 위해 역할등급의 운용기준을 작성합니다.[3] 본격적인 개인의 역할등급의 확정은 제도 이행 시 개정하여 절차에 따라 실행합니다.

첫째, 전 사원의 역할 파악과 가평가의 실시입니다. 설계된 역할등급과 역할등급 기준에 기초하여, 전 사원의 역할을 파악하고 가평가를 실시합니다. 가평가 실시과정에 있어서 이행평가 적용의 문제와 역할(포스트와 포지션)의 등급적용으로 인한 부정합과 편향 여부 등을 검토하고, 문제가 있다면 역할등급과 역할등급 기준을 수정합니다. 특히 이제까지 직능등급제도나 직급제도를 채택하고 있었던 경우, 각 직능등급이나 직급에 해당하는 사원이 어떤 역할등급에 분포하는가의 대응표를 작성해 보면, 높은 직능등급이나 직급의 사람이 낮은 역할등급에 해당하고 있다든지(직능등급이나 직급이 연공적으로 흘러 있을 가능성이 높습니다), 역으로 낮은 직능등급이나 직급의 사람이 높은 역할등급에 해당하는 경우가 있을 것입니다. 이 작업에 의해 지금까지의 문제를 신제도에서의 목표에 따라 개선합니다.

둘째, 역할등급의 운용 기준 작성입니다. 전 사원 역할특성 파악과 가평가 실시에 따라 역할등급 체계와 역할등급 기준의 수정, 확정을 실행할 수 있습니다. 이에 따라, 입사 후 초임의 역할등급 결정방법, 임용, 승진, 이탈 등의 인사이동에 있어서 역할등급의 변경에 대한 규정을 검토해서 기준을 설정합니다. 역할등급의 운용기준을 작성하고 나면, 그

---

3) 이것은 역할등급제도 및 역할급의 설계 및 운용에 있어서 사전에 문제의 발굴과 대책을 위해 시뮬레이션 차원에서 행하는 것입니다.

운용기준에 따라서 실제의 승진과 강직의 운용 시뮬레이션을 실시해 봅니다. 이에 따라 제도의 현실성, 실행가능성을 수정하고 확인합니다.

셋째, 제도개정에 따르는 이행방법과 대응방안의 검토입니다. 종래의 제도로부터 신제도로 부드럽게 이행시키기 위해, 예외적인 문제가 발생할 가능성이 있는 사원에 대한 대응방안을 검토하고, 조치를 강구합니다. 이 문제에 대한 조치는 한시적인 것이 원칙입니다. 특히 지금까지 직능등급제도나 직급제도를 채택하고 있던 경우에, 직능등급이나 직급과 담당 역할의 괴리가 큰 경우는, 직능등급제도나 직급제도가 연공적으로 흐르고 있다는 것에 원인이 있습니다. 따라서, 이행조치를 채택하지 않으면 안 되는 경우가 많습니다. 이 경우, 제도를 수정하는 것이 아닌, 어디까지나 과도기적 이행조정 조치로 하는 것이 필요합니다.

(4) 역할등급제도 전체의 조정

역할등급 체계와 역할등급 기준 또는 운용기준이 설계되면 다음으로 도입에 있어서의 이행조치를 종합적으로 검토해서 제도 전체의 조정을 해 봅니다. 이때, 한 번 더 최초로 상정한 임금체계와의 관계에 있어서 문제가 없는가, 역할급으로의 반영 이미지와 영향을 검토해 주는 것이 필요합니다. 그러한 점에서는 역할등급제도와 역할급제도를 병행하여 설계하고 검토하는 것이 보다 현실적입니다.

03

역할급제도 설계방법

1. 역할급의 유형

이제 역할급을 설계하는 방법을 서술하여 보겠습니다. 역할급에도 정도의 차이는 있지만 성과를 가미합니다. 여기서 성과란 '업적'과 '역량'의

〈표 3-1〉 역할급의 유형

<table>
<tr><th colspan="2">구분</th><th>특징</th></tr>
<tr><td rowspan="2">평가비누적
역할급</td><td>단일
그레이드</td><td>• 인사평가에 의한 동일성과, 동일임금의 평가비누적테이블을 가짐</td></tr>
<tr><td>복수
그레이드</td><td>• 동일등급에 복수 그레이드의 평가비누적 임금 테이블을 가짐
• 동일 그레이드 내의 단기적인 평가비누적과, 중장기적 공헌도에 의한 그레이드간 상승, 하락을 결정하는 평가비누적 2가지로 운영됨</td></tr>
<tr><td rowspan="2">슬라이드형
(정률형)
역할급</td><td>단일 존
(Zone)</td><td>• 등급별로 상하한액을 결정한 범위급 테이블과 평가 슬라이드 계수 테이블을 가짐
• 전기의 임금에 평가 슬라이드 계수를 곱해서 이번 기의 임금을 결정하는 방식</td></tr>
<tr><td>복수 존
(Zone)</td><td>• 동일등급에 복수의 존별 범위급 테이블과 평가 슬라이드 계수 테이블을 가짐
• 전기의 임금에 평가 슬라이드 계수를 곱하여 이번 기의 임금을 결정하는 인센티브급
• 상위와 하위의 존에 슬라이드 계수를 바꾸어서, 하위 존에서는 슬라이드 업을 강하게 슬라이드 다운을 약하게 하고, 역으로 상위 존에서는 슬라이드 업을 약하게, 슬라이드 다운을 강하게 수준을 조정함</td></tr>
<tr><td rowspan="2">가감누적형
(정액형)
역할급</td><td>단일 존
(Zone)</td><td>• 등급별로 상하한액을 정한 범위급 테이블과 ±의 승급액의 테이블을 가짐
• 전기의 임금에 ±의 승급액을 가감하여 이번기의 임금을 결정하는 방식</td></tr>
<tr><td>복수 존
(Zone)</td><td>• 동일등급에 복수의 존별 범위급 테이블과 ±의 승급액의 테이블을 가짐
• 전기의 임금에 ±의 승급액을 가감하여 이번 기의 임금을 결정하는 방식
• 상위와 하위의 존에 가감액을 변경하여, 하위의 존에서는 가산액을 크게, 감산액을 작게 하고, 역으로 상위의 존에서는 가산액을 작게 감산액을 크게 하여 수준을 조정함</td></tr>
<tr><td colspan="2">정기승급 리셋형
역할급</td><td>• 역할등급별로 표준정기승급의 임금커브를 기반으로 평가결과별 복수의 임금 테이블을 가짐
• 각자의 평가결과에 의해 임금액을 매년 리셋하여 복수의 임금 테이블상에서 임금액을 정기승급 시키는 방식</td></tr>
</table>

합으로 정의합니다.

역할급의 운용은 동일역할에서도 ① 목표달성도와 ② 업적공헌도, ③ 보유 역량을 평가하고, 인상 혹은 삭감하는 구조를 가지고 있기 때문에, 역할등급별로 최댓값과 최솟값의 폭을 가진 범위급이 됩니다. 즉 역할급 인상 및 삭감에 역할의 완결도와 목표달성도, 업적공헌도를 고려하여 차등을 반영시키고자 하는 것입니다.

이와 같이, 전기(전년도, 과거 반기 등)의 인사평가 결과를 금기(당해 연도, 당해 반기 등)의 역할급에 반영시켜서 운용할 때 평가 및 임금결정 기간의 단위는 1년 혹은 6개월로 설정할 수 있습니다. 사업의 사이클에 계절성이 있거나, 회전이 빠르다면 분기마다 수행할 수도 있습니다.

어떤 주기로 인사평가를 할 것인가와 임금으로 반영할 것인가 하는 것은, 사업의 사이클이 얼마나 빠른가, 얼마나 강하게 동기부여시킬 것인가, 조직의 활성화와 성과향상에 대한 기대가 얼마나 큰가, 그리고 이에 수반하는 행정비용이 얼마나 큰가 등을 판단해서 선택합니다.

임금의 인상, 삭감 방식을 가진 역할급은 기본적으로는 ① [평가비누적 역할급], ② [슬라이드형 역할급], ③ [가감누적형 역할급], ④ [정기승급 리셋형 역할급]의 4가지 기본 유형이 있습니다.

1) 평가비누적 역할급

(1) 평가비누적 역할급(단일 그레이드형)

평가비누적 역할급의 테이블 방식은 [동일역할등급, 동일성과, 동일임금]이 원칙입니다. 전기의 인사평가결과가 A였던 경우, 금기의 역할급은 A에 해당하는 금액이 됩니다. 또 다음 기에도 인사평가결과가 A라면, 다음 기의 역할급도 똑같이 그대로 A의 임금액으로서 변하지 않습니다. 금기의 인사평가결과가 A로부터 S가 되는 경우는, 다음 기의 역할급은 A로부터 S에 해당하는 임금액으로 인상하고, 역으로 금기의 인사고과성적이 A로부터 B가 되는 경우는, 다음 기의 역할급은 A로부터 B에 해당하는 임금액으로 떨어집니다. 매 기의 평가결과에 따라 평가결과를 누적시키지 않고 계속적으로 운용하여 가는 것입니다.

[그림 3-1] 평가비누적 역할급(단일 그레이드형)의 이미지

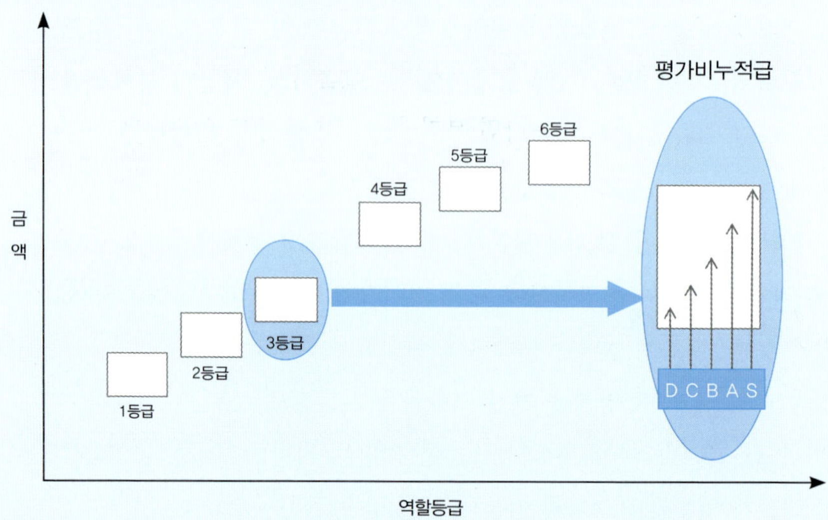

〈표 3-2〉 평가비누적 역할급(단일 그레이드형) 테이블의 예

역할등급	인사평가결과별 역할급(단위: 만원/월)				
	S	A	B	C	D
6등급	675	650	625	600	575
5등급	595	575	555	535	515
4등급	520	505	490	475	460
3등급	400	390	380	370	360
2등급	321	313	305	297	289
1등급	235	230	225	220	215

이와 같은 평가비누적 역할급을 단일 등급형 평가비누적 역할급이라고 합니다.

(2) 평가비누적 역할급(복수 그레이드형)

동일한 역할등급에서 매년 성과평가하여 비누적적으로 반영한다는 것은 단기적 성과주의에 기반한 제도입니다. 중장기적 반영 구조를 갖게끔 동일역할등급 안에 복수의 성과 그레이드를 설계하여, [동일 그레이드 내의 평가비누적]과 [그레이드 간의 평가비누적]의 구조를 갖게 한 역할급을 [복수 그레이드형 평가비누적 역할급]이라고 합니다.

본 역할급은 1년 단위의 단기 운용에서는 단일 그레이드형 평가비누적 역할급과 동일하게 운용합니다.

그레이드 간의 업적평가비누적은 [평가결과가 연속해서 A 이상]을 받았을 경우처럼 성적이 좋다면 그레이드를 상승시키고, 역으로 [평가결과가 연속해서 C 이하]를 받았을 경우처럼 좋지 않았다면 그레이드를 하락시키는 방식으로 운용합니다.

또는, 평가결과에 포인트를 설계하여, 매년의 평가결과 포인트를 누적하고, 일정 포인트 이상이 되는 경우에는 그레이드를 상승시키고, 역으로 일정 포인트 이하가 되는 경우는 그레이드를 하락시키는 방법도 있습니다.

예를 들면, 〈표 3-3〉, 〈표 3-4〉와 같은 포인트 표를 가지고 운용합니다.

〈표 3-3〉 그레이드 변경 포인트

그레이드 상승 포인트	8 포인트
그레이드 하락 포인트	-4 포인트

〈표 3-4〉 평가결과 포인트

평가결과	S	A	B	C	D
포인트	4	3	2	1	-2

[그림 3-2] 평가비누적 역할급(복수 그레이드형)

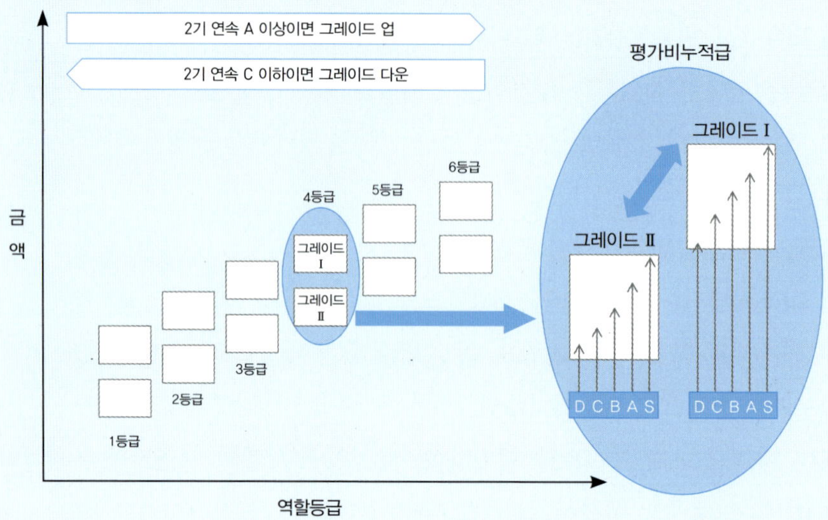

〈표 3-5〉 평가비누적 역할급(복수 그레이드형) 테이블의 예

역할등급	그레이드	역할급(단위: 만원/월)				
		S	A	B	C	D
6등급	Ⅰ	665	645	625	605	585
	Ⅱ	625	615	595	575	555
5등급	Ⅰ	585	565	545	525	505
	Ⅱ	545	525	505	485	465
4등급	Ⅰ	495	470	455	440	425
	Ⅱ	455	440	425	410	395
3등급	Ⅰ	390	380	370	360	350
	Ⅱ	370	360	350	340	330
	Ⅲ	350	340	330	320	310
2등급	Ⅰ	313	305	297	289	281
	Ⅱ	297	289	281	273	265
	Ⅲ	281	273	265	257	249
1등급	Ⅰ	255	245	235	230	225
	Ⅱ	235	230	225	220	215
	Ⅲ	225	220	215	210	205

〈표 3-6〉 평가비누적 역할급(복수 그레이드형) 운용의 예

(단위: 만원/월)

역할등급	그레이드	S	A	B	C	D	비고
비즈니스 프로듀서	Ⅴ	730	715	700	685	670	15
	Ⅳ	715	700	685	670	655	15
	Ⅲ	700	⑤ ⑥ 685	④ 670	655	640	15
	Ⅱ	685	② ③ 670	① ④ 655	640	625	15
	Ⅰ	670	655	640	625	610	15

부장의 사례	등급과 성적	금액	평가결과	Point	Point 누계
① 1년째(초임)	Ⅱ-B로 시작	655	A	3	3
② 2년째	Ⅱ-A	670	A	3	6
③ 3년째	Ⅱ-A	670	B	2	8
④ 4년째	Ⅱ-B	655			
⑤ 4년째	Ⅲ-B	670	A	3	3
⑥ 5년째	Ⅲ-A	685	A	3	6

고과 Point: S=4, A=3, B=2, D=−2
8포인트면 그레이드 업
−4포인트면 그레이드 다운

2) 슬라이드형 역할급(정률형)

평가결과에 기반하여 업다운하는 구조를 가진 역할급 중에서도, 동일 역할등급의 일정범위 가운데에서 전년의 역할급 금액에 대해 평가결과에 따른 슬라이드 계수를 곱하여 역할급을 업/다운시키는 타입을 [슬라이드형 역할급]이라고 합니다. 슬라이드형 역할급은, 역할등급별로 상한액과 하한액의 범위급 테이블과, 평가결과별 계수(율)의 테이블을 가지고 다음의 계산식에 따라 운용합니다.

금기 역할급＝전기 역할급×전기의 평가결과 계수

따라서, 평가결과에 따라 S는 1.05, A는 1.03, B는 1.01, C는 1.0, D는 0.98과 같은 슬라이드 계수를 가지고, 금기 역할급은 전기 역할급에 전기의 평가결과 계수를 곱하여 산출합니다.

예를 들면, 전기의 평가결과가 A인 경우, 금기 역할급은 전기 역할급의 1.03배가 되고, 이번 기도 평가결과가 A인 경우는, 다음 기의 역할급은 다시 금기 역할급의 1.03배가 됩니다. 또는 금기의 평가결과가 C인 경우는, 다음 기의 역할급은 변하지 않고, 역으로 금기의 평가결과가 D인 경우는, 다음 기의 역할급은 금기의 역할급에 0.98을 곱한 액으로 감급됩니다. 즉, 매 기의 인상분을 계속적으로 슬라이드시켜 운용하여 가는 것입니다. 즉, 업적의 단기적 인센티브 반영과 중기적 인센티브 반영의 쌍방적 요소를 갖게 하는 방식입니다.

또, B 이상의 좋은 평가결과를 계속해서 받으면, 상한액까지는 슬라이드 업하여 가고, 역으로 연속으로 D를 받는 등, 좋지 않은 결과를 계속해서 받으면, 하한액까지 슬라이드 다운시켜 가는 방식입니다.

[그림 3-3] 슬라이드형 역할급의 이미지

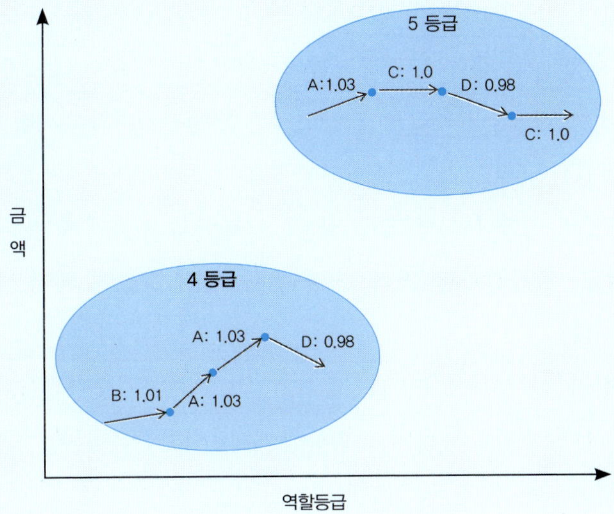

〈표 3-7〉 슬라이드형 역할급 테이블의 예

역할등급	범위총표(단위: 만원/월)		
	하한액	상한액	범위액
6등급	530	630	100
5등급	450	540	90
4등급	400	480	80
3등급	330	400	70
2등급	230	300	70
1등급	180	240	60

평가결과	업적계수
SS	1.07
S	1.05
A	1.03
B	1.01
C	1.00
D	0.98

3) 가감누적형 역할급(정액형)

(1) 가감누적형 역할급(단일 존(Zone))

전기 역할급의 금액에 평가결과에 따른 플러스 마이너스의 승강급액을 가감누적하여, 인센티브를 반영시킨 유형을 [가감누적형 역할급]이라고 합니다.

이 타입의 역할급은, 역할등급별로 상한액과 하한액의 범위급 테이블을 가지고, 평가결과별 플러스·마이너스의 승강급액 테이블을 가지고 운용합니다.

가산만을 실시하는 유형과, 플러스·마이너스의 승강급을 하는 유형이 있습니다. 특히, 하위의 역할등급에서는 [가산유형]이, 상위의 역할등급에서는 [가감유형]이 일반적입니다.

금기 역할급＝전기 역할급±평가결과별 가감급

역할등급별의 고과성적으로, 예를 들면, S는 50,000, A는 30,000, B는 10,000, C는 −20,000 D는 −40,000 등의 가감액을 정하고, 금기의 역할급은 전기역할급에 전기의 평가결과의 가감액을 누적하여 가는 것입니다.

평가결과가 좋았다면 정기승급누적하고, 역으로 좋지 않았다면 강급감액합니다. 평가결과가 좋았다가 나빴다가 한다면, 역할급도 업다운을 반복하게 됩니다. 즉, 매 기의 성과인상분을 계속적으로 누적시켜 운영해 가는 것입니다. 단기적으로도, 중기적으로도 매 기 계속하여 반영합니다. [슬라이드형 역할급]과 유사하지만, 슬라이드형 역할급은 곱셈(정률)으로 운영하기 때문에 보다 성과지향적이며, 가감누적형 역할급은 덧셈과 뺄셈(정액)으로 한다는 운영의 차이가 있습니다.

[그림 3-4] 가감누적형 역할급(단일 존(Zone))

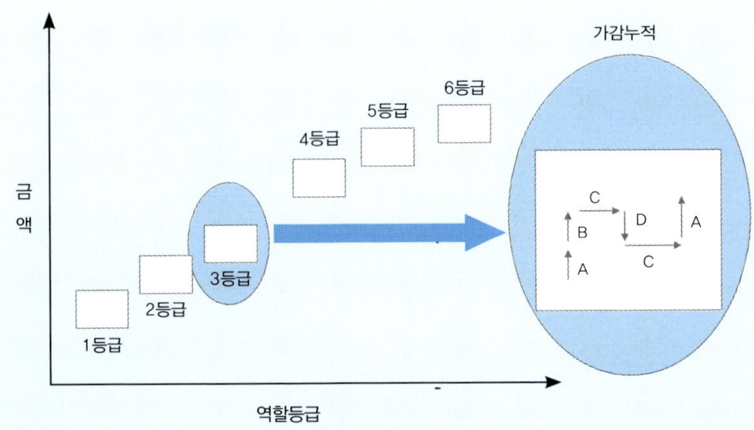

〈표 3-8〉 가감누적형 역할급(단일 존(Zone)) 테이블의 예

역할 등급	범위총표(단위: 만원)		
	하한액	상한액	범위액
6등급	570	650	80
5등급	510	580	70
4등급	450	510	60
3등급	340	400	60
2등급	270	320	50
1등급	220	260	40

성적별 가감액표(단위: 원)				
S	A	B	C	D
60,000	30,000	15,000	0	−25,000
60,000	30,000	15,000	0	−25,000
50,000	25,000	10,000	0	−20,000
50,000	2,0500	10,000	0	−20,000
40,000	20,000	10,000	0	−15,000
30,500	20,000	10,000	0	−10,000

(2) 가감누적형 역할급(복수 존(Zone))

동일 역할등급 중에서 정기승급형 역할급의 범위를 넓게 잡는 경우는, 동일 등급 내에서도 임금격차가 너무 커져 형평성을 잃게 됩니다.

따라서 정기승급의 가감액 테이블을 존(Zone)별로 우대 또는 억제하여 조정할 수 있도록 하고, 형평성을 잃지 않도록 배려하여 승강급을 조정하는 유형을 존(Zone)별 가감누적형 역할급이라고 합니다.

[그림 3-5] 가감누적형 역할급(복수 존(Zone))

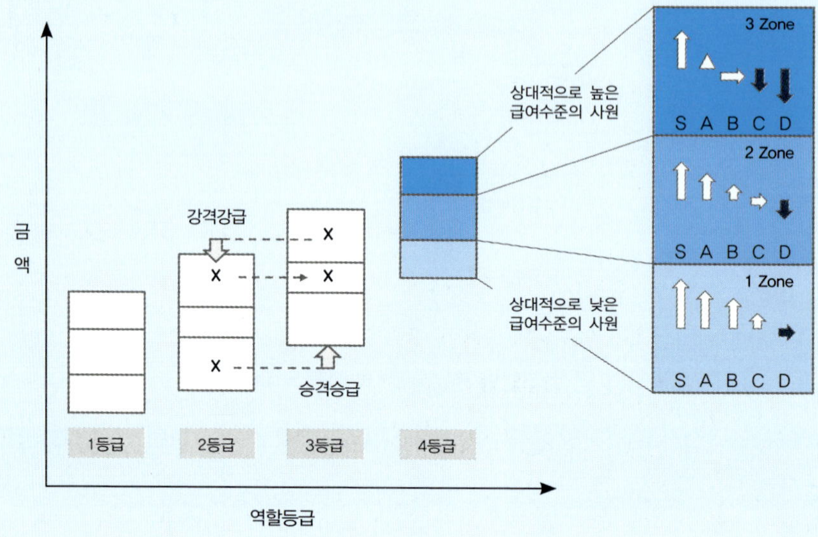

〈표 3-9〉 가감누적형 역할급(복수 존(Zone)) 테이블의 예

역할등급	존(Zone)별 범위급(단위: 만원/월)		
	1존(Zone)	2존(Zone)	3존(Zone)
6등급	530~560	560~590	590~620
5등급	450~480	480~510	510~540
4등급	400~430	430~460	460~490
3등급	300~330	330~360	360~400
2등급	230~255	255~280	280~305
1등급	180~200	200~220	220~240

계수(%)			
평가결과	1존(Zone)	2존(Zone)	3존(Zone)
S	4%	3%	1%
A	3%	2%	0%
B	2%	1%	0%
C	1%	0%	-1%
D	0%	0%	-2%

〈표 3-9〉는 각 역할등급별로 3개의 존(Zone)을 가지고 있는 사례를 보여주고 있습니다. 상위의 존(Zone)에 있을수록 고성과가 기대되므로 평가결과에 따라 완만하게 인상되며, 하위의 존(Zone)에 있을수록 평가결과에 따라 높은 인상을 하도록 설계되어 있습니다. 가감액이 아니라 인상인하율로 계수를 설정하는 경우는 흔히 말하는 메리트 시스템(Merit System)과 동일한 원리가 됩니다.

4) 정기승급 리셋형 역할급

인사평가에 기반하여 일정범위에서 정기승급하는 구조를 가진 역할급으로서, 역할등급별로 표준정기승급에 의한 임금커브를 기반으로 하

[그림 3-6] 정기승급 리셋형 역할급

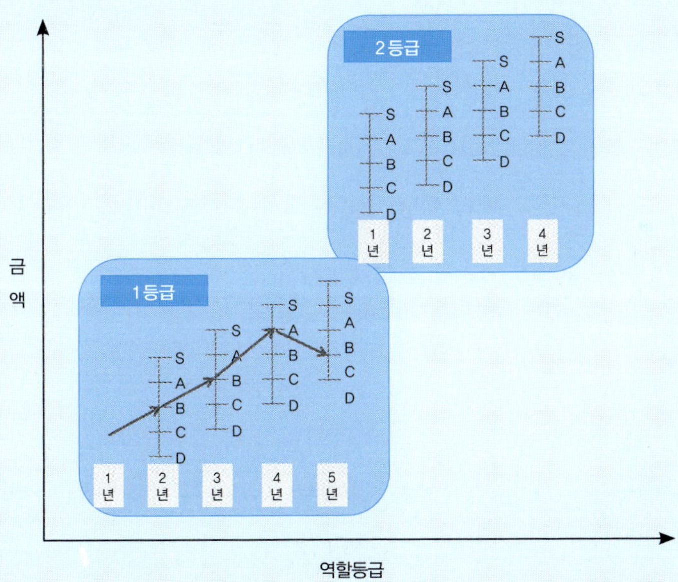

〈표 3-10〉 정기승급 리셋형 역할급 테이블의 예

1등급(단위: 만원/월)					
연	S	A	B	C	D
7	222	221	220	219	218
6	218	217	216	215	214
5	214	213	212	211	210
4	210	209	208	207	206
3	206	205	204	203	202
2	202	201	200	199	198
			196		

2등급(단위: 만원/월)					
연	S	A	B	C	D
6	329	327	325	323	321
5	324	322	322	318	316
4	319	317	317	313	311
3	314	312	312	308	306
2	309	307	305	303	301
–	304	302	300	298	296

여, 해당년의 임금테이블은 평가결과별로 임금액을 가지고 있습니다. 각자의 평가결과에 따라 매년 해당하는 임금액을 적용하여 승급해 가는 유형을 정기승급 리셋형 역할급이라고 합니다.

역할등급별의 정기승급 기간은, 기업마다의 승진연수와 임금커브의 관계를 바탕으로 설정합니다.

이때, 역할등급별 정기승급 기간은 반드시 제한을 둡니다. 동일 역할등급 내에서 천정부지로 임금이 계속 상승하지 않도록 하기 위함입니다. 또, 역할등급 간의 밸런스에 대해서도 역전현상이 일어나지 않도록, 정기승급 제한을 설계할 필요가 있습니다.

2. 역할급의 도입방안 및 운영방안

기본급으로서의 역할급 설계 프로세스는 [역할급 테이블의 설계]와 [운용형태의 운용 테이블 설계] 또는 [운용방법 원칙의 설계]로부터 시작합니다. 그러나 역할급은, 역할등급에 근거한 임금체계이니만큼 [역할등급제도와의 관계] 또는 [인사평가와의 관계]를 고려하여 설계합니다.

1) 역할등급의 승진/임용 모델의 설계

역할급은 역할등급의 체계에 근거하여 운용하는 임금이기 때문에, 우선 [임용/승진 모델의 설계]를 진행합니다. 일반적으로 사무직군이나 기술직군 등과 같이 중장기적으로 커리어를 형성해 가는 직군에서 하위 역할등급은, 역할과 직능 사이에 어느 정도 상관관계가 있기 때문에 역할제도상 운용과 직능제도상 운용이 혼합된 경향이 있습니다. 한편, 비교적 상위의 역할등급은 조직상의 직책이나 입장, 역할의 평가를 바탕으로 임용/승진운용이 비교적 명확하게 행해집니다. 하지만 단순운영자(Operator)나 점포판매원 등에서는 직무수행능력의 진전과 직무확충, 업적향상의 관계가 약합니다. 직무수행능력, 직무, 업적 등에 있어 개인차는 그렇게 크지 않습니다. 따라서, 본 설계에 있어서는 우선 중장기적인 커리어 형성을 해 나가는 직무/기술직군에서의 [임용/승진 모델의 설정]을 검토합니다. 신입사원이 입사할 때부터 정년까지의 재직기간에 최고의 직책/포지션까지 승진하는 케이스의 표준적 승진연수를 설정합니다.

한국의 경우는 정년이 60세로 연장되었으므로 이제 승진 시의 직급별 체류연한 등을 재설정할 필요가 있습니다. 더 길게 하는 것이 바람직하나 동일 산업, 혹은 동일 지역 내에서 이를 연장하지 않는 타 경쟁사가 있다면 육성된 젊은 우수 인재들을 경쟁사로 빼앗기는 경우가 발생하므로 이를 고려하여 설정하도록 합니다.

승진이 이른 경우와 승진이 늦은 경우를 모두 설정해 봅니다. 이러한 과정에 의해서 역할등급과 역할급의 탄력적, 현실적인 운용을 설계할 수 있습니다. 그와 동시에, 임금 시뮬레이션을 할 때에도 고려가능한 복수의 승진 케이스를 바탕으로 실시함으로써 현실적인 데이터를 확인하며 제도를 설계할 수 있습니다.

2) 역할급 모델 곡선의 설계

다음으로 기본급으로서의 역할급 모델 곡선을 설계합니다. 모델 곡선은 각 역할등급에 있어 대표직위의 [재직자의 평균적 수준액], 또는 [일방적 수준액]을 전제로 곡선을 우상향하여 설계합니다. 역할등급마다 설정한 수준액을 그래프로 그려 본다면 이해하기 더 쉽습니다.

3) 역할등급별 기준액의 설정

다음에는, 기본급의 모델 곡선으로부터 역할등급별 설정한 수준액을 조정하고, 이 조정금액을 기준액으로서 운용 테이블 설계의 기반으로 삼습니다. 이 때, 등급간 격차를 조정합니다.

4) 역할급 운용형태 유형의 선택(업다운 방식)

역할급의 운용은 업다운하는 일이 일반적이므로, 업다운시키는 방법에 따라 운용형태를 선택합니다. 기본적으로는 [평가비누적 역할급], [슬라이드형 역할급((전기급여×업적계수)), [가감누적형 역할급(전기급여±승감금액)], [정기승급 리셋형 역할급]의 4가지 타입을 기반으로,

그것들의 조합을 포함하여 검토합니다.

이 중에서도, 범위가 1개의 경우(단일 존(Zone))와 두 개 이상 복수의 경우(복수 존(Zone) 또는 다단계)가 있습니다. 예를 들어, 1존(Zone)이 [가감누적형 역할급]이고 2존(Zone)이 [평가비누적형 역할급]인 조합도 사용가능합니다.

실제 동일한 역할등급에 속한 각자의 역할급 분포가 적은 경우에는 단일 존(Zone) 유형을, 분포가 큰 경우에는 복수 존(Zone) 유형이나 다단계 그레이드 유형을 선택하는 것이 현실적입니다.

5) 역할급 테이블의 설계

(1) 평가비누적 역할급의 설계

각 역할등급마다 역할등급제의 기준액을 [보통 평가결과(일반적으로 S, A, B, C, D 중에서는 B)]로 두고, 상하에 성과격차를 붙인 액수를 설정합니다. 성과격차는 일반적으로는 5단계 정도가 급여의 차등폭으로 바람직합니다. 예를 들어, 하위등급의 1등급 격차는 2, 3만원~몇 만원 전후로 하고, 상위등급의 1등급 격차는 1~2십만원 정도로 하는 것이 일반적입니다.

그것이 연수(연수입)격차에서 상여격차를 뺀 급여격차 부분으로서, 평가결과에 의한 절대금액으로서의 차등폭 표준으로 볼 수 있습니다. 이 때는 성적간 격차와 등급간 격차를 조정하면서 설정합니다.

이처럼 급여격차와 상여격차를 연수입 비율의 관계로 검토한다는 점에서, [평가비누적 역할급]은 연수입관리나 연봉제에 가까운 운용형태라고 말할 수 있습니다. 또한 각자의 역할급 부분의 분포 정도에 따르자면, 예를 들어 분포가 큰 경우에는 복수 그레이드의 평가비누적 역할급 유형으로 하는 것도 현실적 대응 방안입니다.

〈표 3-13〉 동일등급 그레이드 간 평가비누적 방식의 예

예시1: 연속일정성적기준에 의한 그레이드의 업다운	2기연속 A 이상의 평가결과의 경우에 그레이드 업시킨다
	2기연속 D 이하의 평가결과의 경우에는 그레이드 다운시킨다
예시2: 누적고과성적포인트 방식에 의한 그레이드의 업다운	누적고과성적 포인트가 10포인트면 그레이드 업한다
	누적고과성적 포인트가 -5포인트면 그레이드 다운한다

평가결과	S	A	B	C	D
포인트	5포인트	3포인트	1포인트	-2포인트	-4포인트

복수 그레이드의 평가비누적 역할급에서 동일 그레이드 내 평가비누적은 '단기 평가결과의 반영'이고, 동일등급의 그레이드간 평가비누적은 '중기 평가결과의 반영'으로서의 의미를 가집니다. 따라서 단기적인 인센티브를 쌓아 올려서 중장기 성과의 현실화를 도모하는 유형이 됩니다.

동일등급 그레이드 간의 평가비누적의 방식으로서는 〈표 3-13〉과 같은 방법이 있습니다.

(2) 슬라이드형 역할급의 설계(전기 역할급×평가결과 계수)

각 역할등급마다 기준액을 중립액(中立額)으로서, 상한액과 하한액을 설정합니다. 그 범위 안에서 슬라이드 업 혹은 슬라이드 다운시키는 것입니다.

범위는 역할등급별 기준액의 수준에도 따르지만, 성적에 따라 [중립액]으로부터 상하로 5%~20% 정도를 하나의 기준으로 볼 수 있습니다. 이 범위가 너무 넓을 경우는, 동일역할등급의 Zone을 상하로 나눠서, 상위 존(Zone)의 성적 슬라이드 계수를 상대적으로 억제하며, 역으로 하위 존(Zone)의 성적 슬라이드 계수를 상대적으로 확대하는 것이 바람직합니다.

슬라이드형 역할급은 평가결과에 따라 슬라이드 업 혹은 다운되기 때문에 인센티브로서의 성격을 강하게 가지는 운용형태입니다.

(3) 가감누적형 역할급의 설계(전기 역할급±가감금액)

가감누적형 역할급의 설계는, 일단 처음 단계에서 역할등급별로 [성적별 정기승급 테이블]을 설계한 후, 다음 단계에서 역할급의 상하한 테이블(범위급 테이블)을 설계합니다.

우선 정기승급하는 것을 전제로 역할등급별 [성과별 정기승급 테이블]을 다음의 단계로 설계합니다. 평가결과는 S, A, B, C, D 5개 등급이 있는 것으로 가정합니다.

1) 신입사원의 초임급과 최상위 역할등급의 역할급 모델 기준액을 설정하고, 최상위 모델 기준액으로부터 초임급을 빼서 승급총액을 계산하여 정한다.
2) 승급총액을 [승진승급총액]과 [정기승급총액]으로 분배한다.
3) [승진승급총액]을 각 역할등급의 승진승급액에 분배한다. 이것에 의해서 테이블 설계상의 [정기승급 테이블]이 설정된다.
4) [정기승급총액]을 각 역할등급의 정기승급총액에 분배한다. 이 [각 역할등급의 정기승급총액]을 [체류연수]로 나누면 [1년당 B성적의 정기승급액]이 된다. 각 역할등급의 [1년당의 B성적의 정기승급액]을 기반으로 A성적, S성적을 비롯한 C성적, D성적의 정기승급액을 설정한다. 이것에 의해 [정기승급 테이블]이 설정된다.
5) 최하위 역할등급(1등급)의 역할급 하한액을 초임급으로부터 설정한다.
6) 다음 역할등급(2등급)의 역할급 하한액을 다음의 계산식으로 산출하여 설정한다.
   - 2등급하한액=1등급의 하한액+2등급 승진승급액+B성적의 정기승급액×표준체류연수
   - 3등급하한액=2등급의 하한액+3등급 승진승급액+B성적의 정기승급액×표준체류연수

이하 같은 모양의 계산에 따라, 최상위 역할등급의 하한액까지를 설정한다.

7) B성적의 정기승급액의 표준체류연수 1.5배부터 2배 정도의 정기승급 허용을 전제로, 각 역할등급의 정기승급 총액(범위액)을 설정한다.
8) 각 역할등급의 하한액에 범위액을 가산하며, 상한액을 설정한다.
9) 상기 6)~8)에 의하여 역할등급의 상한액을 설정한다.

이러한 절차에 의해 상하액의 [범위급 테이블]이 설정된다.

[승진승급액]과 [정승 총액]의 승급분배를 비교적 하위등급에 걸쳐 두텁게 취하는 경우에는, 젊은층에 인센티브성이 높은 임금 테이블이 됩니다(하후상박). 거꾸로 상위등급에 걸쳐 두텁게 취하는 경우에는 베테랑, 장년층 등 상위 역할등급자에게 인센티브성이 높은 임금 테이블이 됩니다(상후하박). 이처럼 각 역할등급마다의 범위급과 정기승급액의 설정은 각 기업의 실정에 맞춰 정책적으로 설정합니다.

가감누적형 역할급이므로 각 역할등급에서 성적이 좋지 않은 경우에는, 승급액을 0으로 하고, 뒤떨어지는 경우는 마이너스 승급(降級)이 되도록 [운용 테이블]을 조정하여 설계합니다.

각 사원들의 현재 기본급 분포가 커지고, 범위급의 폭을 넓히지 않을 수 없는 경우는 동일역할급의 존(Zone)을 상하로 나눕니다. 상위 존(Zone)의 승급액을 상대적으로 억제하고, 강급액을 상대적으로 확대합니다. 하위 존(Zone)의 승급액은 상대적으로 확대하고, 강급액을 상대적으로 작게 하는 것이 현실적 대응방안으로서 바람직합니다.

가감누적형 역할급은, 얼마를 플러스, 마이너스 승급을 하는가 하는 승급 인센티브로서의 승급조정적 성격이 강한 운용형태입니다.

6) 업다운 운용 기준의 설계

역할급의 운용 테이블을 설계하면, 다음으로 임금 운용 규칙을 설정하여야 합니다.

첫번째로, 승진 또는 강직한 경우에 있어 [역할등급 변경시의 역할급 변경방법과 순서]의 규칙을 설정합니다. 역할급이 올라가는 경우는 문제가 없지만, 내려가는 경우는 정책이 필요합니다. 일반적으로는 조직의 상황에 따른 인사이동으로 인해 역할등급이 낮아지고 역할급이 낮아지는 경우는 일정기간 조정급을 붙이거나, 감액 변경의 유예기간을 갖는 등의 충격완화조치를 취하는 것이 바람직합니다.

두번째로, 평가결과에 기반한 [정기적인 역할급 변경의 방법과 순서]에 대해서는 테이블대로 적용합니다. 이 때에도 역할급이 오르는 경우는 문제가 없으나, 떨어지는 경우는 대책이 필요합니다.

7) 개별적용 시뮬레이션과 테이블 수정

역할급의 테이블과 적용 원칙이 설계되면, 그것에 기반하여 승진모델사례를 사용하여, 실제 재직자들을 대상으로 시뮬레이션해 봅니다. 그 과정에서 역할급 테이블의 평가결과에 따른 격차액을 조정하거나 역할등급간 격차를 시정합니다.

역할급 도입 시의 운용시뮬레이션에 기반하여, 검토작업을 행하고 최종 임금테이블을 조정 설정하므로, 이 과정을 [이행조정 설계]라고 합니다.

8) 이동시 적용액의 설정과 조정

임금체계를 개정한 후에도 전 직원을 대상으로 한 전환이 부드럽게 이행된다고 단정 지을 수는 없습니다. 경험적으로 볼 때 20~30% 정도의 사원이 테이블에 들어맞지 않는 경우도 있을 수 있습니다. 그래서 테이블을 미세하게 조정하기도 하지만, 그것으로도 해결되지 않는 경우도 있습니다. 이 때에 계속 개별적용 시뮬레이션을 하거나 테이블을 시정하는 것은 의미가 없습니다. 지금까지와는 다른 기준에 근거한 임금제도를 설계하였기 때문에, 이러한 경우가 발생하는 것은 당연한 일입니다.

이 단계에서는 새로운 임금체계 이행시 각자의 역할급의 적용과 이행 조정조치 방법을 강구합니다. 예를 들면, 새로운 임금체계 이행 전의 각자의 기본급액을 신제도의 역할급으로 바꿔 쓰되, 설정된 테이블의 범위에 알맞게 들어가는 경우는 그대로의 금액을 신제도의 역할급액으로 합니다. 하지만 설정된 테이블의 범위를 넘거나, 만족하지 않을 경우, 그 초과액은 조정급으로서 2~3년 이내 정도로 순차 소거합니다. 부족액은 이행 시에 즉시 보전하는 것이 일반적입니다.

평가비누적 역할급과 같이, 어떤 절대액을 적용하여 이행하는 경우는, 각자의 기본급액을 가장 중간수준이라고 할 수 있는 역할급상의 평가결과 B성적으로 최근의 액수를 적용합니다.

04

일본의 역할급 설계 및 운영 사례

이 장에서는 각 산업별로 선도적으로 역할급을 도입하여 운영한 일본 기업의 사례를 하나씩 들어보도록 하겠습니다.

전자업에서는 NEC의 사례를 소개합니다. 한국으로 치자면, 삼성전자, LG전자, LG디스플레이 등이 해당합니다. 공장에서는 일본 최대업체인 야마타케(Azbil로 사명변경)의 사례를 소개합니다. 포스코ICT뿐 아니라 삼성물산, 현대건설, 포스코건설, 대림산업, 대우건설(2014년 시공능력평가 건설사 순위, 국토교통부) 등에서 활용할 수 있는 사례입니다. IT서비스업에서는 일본 유니시스의 사례를 소개합니다. SKT, KT, LG U+, SK브로드밴드 등이 해당합니다. 주류 및 음료업에서는 삿포로 맥주의 사례를 소개할 것이며, 하이트진로, 오비맥주, 롯데칠성음료 등이 해당합니다.

출판 및 인쇄업에서는 대일본인쇄를 소개하며, 웅진씽크빅, 교원, 구몬, 천재교육, 재능교육, 와이비엠 등이 해당합니다. 또하나의 인터넷 서비스업에서는 라쿠텐을 소개하며, NHN, 카카오, 넥슨, 엔씨소프트, 넷마블 등이 해당합니다.

각 사례들에서는 해당 제도를 도입할 수밖에 없었던 [배경 및 필요성], 기본이 되는 [등급제도], 기본급과 성과급을 어떻게 운영하는가에 대한 [보상제도]를 정리하여 소개하겠습니다. 그리고 보상제도에 적용하기 위한 [평가제도]를 함께 살펴보도록 합니다. 이하에서 사용되는 용어들은 앞 장에서 소개된 용어들과는 다소 차이가 있을 수 있고, 심지어 영문으로 표기되기도 합니다. 개별회사 특유의 용어가 선택되었기 때문인데, 역할등급, 역할급을 도입하고 실행시키려 한 노력과 성과에 초점을 두어 파악하여 주시기 바랍니다.

1. 사례: NEC(Nippon Electric Company)

설립연월: 1899년 7월
자본금: 3,379억 엔(2009년 3월말 기준)
매출액: 4조 2,156억 엔(2008년도 연결)
인원: 14만 3,327인(2009년 3월말 연결)
평균연령: 39.8년
평균근속: 15.6년
업무내용: IT/NW솔루션사업, 모바일/퍼스널솔루션 사업, 일렉트로디바이스 사업 등
본사: 동경부

1) 배경 및 필요성

2002년에 관리직의 직능자격제도를 폐지하고, 역할을 근간으로 한 '역할 Grade 제도'로 변경 설계하였습니다. 개개인의 '역할'을 명확화하고, 해당 역할에 따른 목표를 달성하고자 하는 의식을 일깨우기 위함이 주된 목적이었습니다.

2) 직급 및 등급제도

과장 이상의 관리직은 역할급의 적용을 받으며, 기본적으로 현재 맡고 있는 역할에 의해 등급이 나뉘어집니다. 주임 이하의 노동조합원들은 각 개인의 컴피턴시(Competency) 수준을 기초로 하여(NEC에서는 Practice 파일(컴피턴시)이라고 함) 요건에 대한 달성도의 합을 바탕으로 등급을 매깁니다. 즉, 관리직은 라인 관리직, 전문직, 전임직 등 모든 인원이 '역할 Grade 제도'에 의해 등급이 매겨집니다. 한편, 일반직(노동조합원)층은 '직군', '등급구분', '직종'에 의해 구분됩니다.

NEC에는 크게 A직군, B직군, C직군, D직군으로 구분되는 4개의 직군이 있으며, 각 직군은 다음과 같은 역할에 의해 설정됩니다.

〈표 4-1〉 NEC 인사처우제도 개요

구분	관리직층 (비노동조합원)	일반직층 (노동조합원)
제도명	역할 Grade 제도	Practice 제도
처우기준	각 사람이 담당하는 역할의 크기	각 사람의 Practice (Competency)의 레벨
Practice (Competency) 활용법	역할임용 요건 (적재적소판정기준)	평가(인사고과)기준 또는 승격요건
평가제도	• 인사고과 → 승급/승격 • 업적 Review → 상여(연 2회) • Practice 평가도 더하여, 종합 판단 후 업무 할당	• 인사고과 → 승급/승격 • 업적레벨 → 상여(연 2회)

↑ 역할과 Output　　　↑ 기대되는 행동 +인재육성

[그림 4-1] 관리직·역할 Grade 제도

관리직: 약 7,300명(사내 기준)
사내에는 부하직원이 없는 관리직도 있으나, 부하직원이 있는 관리직과의 교체에 대응하며, 근속연수 등은 일절 구분하지 않음

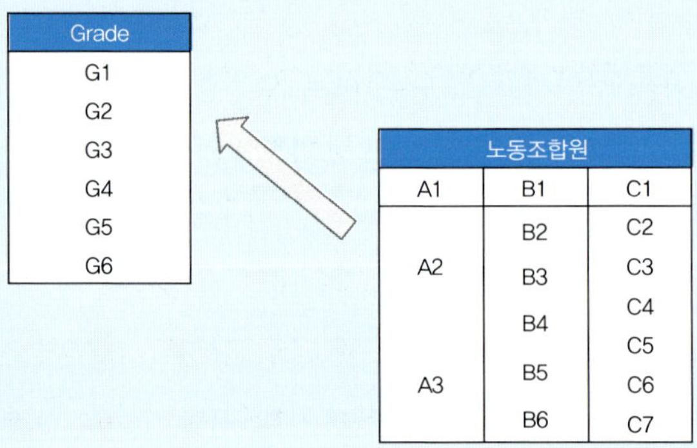

A직군: 높은 재량권과 창조성을 가지고, 지금까지 없던 새로운 것(조합도 포함)을 만들어 낸다.

B직군: 사무직이나 기술직에 있어서 효율화, 개선을 진행해 나가며 업무를 수행한다.

C 직군: 제조직이나 검사직에 있어서 효율화, 개선을 진행하면서 사무를 수행한다.

D직군: 의료, 경비직 등 전문지식이나 기능이 필요한 업무를 담당한다.

각 직군은 3~7개의 등급으로 구분되며, 각 직군 내에 직렬이 있습니다. 예를 들어 A직군에는 SE직이나 기획직과 같은 직렬을 포함하고 있습니다.

(1) 승격과 Grade의 변경

역할급이 적용되는 관리직에서는 특정 직위(포지션)에 오를 때에 Grade가 결정됩니다. 해당 직위(포지션)에 할당된 역할이 갖는 크기나 난이도가 변하지 않는 한 Grade의 변경은 없는 것이 원칙입니다. 한편, 일반직(노동조합원)에서는 현재 등급에 해당하는 Practice 파일의 달성도 총합과 인사고과에 근거하여, 상위등급구분의 요건을 만족할 것이라고 기대되는 사람을 승격시킵니다. 특이한 점은 월반제도가 있어서 관리직에서는 월반도 가능하지만, 일반직(노동조합원)은 월반이 없고 체류연수 관리도 하지 않습니다.

(2) 관리직의 [역할 Grade 제도]

① 직능자격제도부터 역할등급제도로

2002년에 관리직층의 직능자격제도를 폐지시키고, 역할을 근간으로 한 '역할 Grade 제도'로 이행하면서 연수관리제도도 근본적으로 개혁하였습니다.

개개인의 '역할'을 명확화하여 역할에 따른 미션 달성 수준을 측정하고 동일역할이면 동일임금으로 설정되어 있습니다. 단 현재는, 동일 역할등급 내 임금 수준을 임금의 일정 범위 안에서 밴드 형태로 관리하고 있습니다.

② 역할정의서에 의한 역할의 명확화

직위(포지션)에 따라 조직장이 역할정의서를 작성하고, 직원이 해당 직위(포지션)에 오를 때 이를 적용합니다. 내용은 ① 담당사항, ② 역할 Grade, ③ 역할/사명, ④ 성과책임(전략책정, 방침책정, 업무수행, 조직/인프라 정비), ⑤ 전문가 Practice(행동기준, 경험, 어학, 지식/스킬/노하우)로 구성되어 있습니다.

'역할 Grade'는 역할정의서에 근거하여 그 성과책임이나 전문가 Practice 레벨 등에 의한 역할의 크기를 판정하여 결정됩니다.

③ 두 개의 Practice

Practice는 '전문가 Practice'(행동기준)와, 전 역할 공통의 '플랫폼 Practice' 두 가지가 있습니다.

전문가 Practice는 '자원 획득'이나 '정보 획득' 등 13개의 행동기준 Pool에서 역할에 따른 7항목을 선택하도록 하고, 각각 3단계의 레벨별 정의를 보유하고 있습니다.

한편 플랫폼 Practice는 전사에서 중요하게 생각하는 가치에 맞게 설정되어 있습니다

④ 인사고과와 상여평가

Practice에 대해서는 매년 10월 이후에 자기평가 또는 상사평가가 행해집니다.

기본적인 Practice를 베이스로 하여 본인의 능력, 태도, 행동, 의욕, 업적 등을 종합적으로 평가한 인사고과를 연초에 실시합니다. 각 부문에서 각 Grade의 모집단을 기준으로 상대평가를 행하며 이 결과는 승급에 반영됩니다.

상여는 각 역할의 중장기적이며 포괄적인 목표 또는 부문별 연간계획이나 예산 목표를 하위 조직으로 Break down한 목표를 반년마다 평가하여 결정합니다. 이 중 경영이나 개발, 시스템엔지니어 등 부서의 경우, 업무의 성격, 또는 담당하는 제품 등에 의한 목표설정이 용이하도록 업적 Review 시트(목표설정을 하는 시트)를 사용하고 있습니다. 시트는 기본적으로는 비즈니스 유닛 등의 단위로 공통 적용하는 경우가 많습니다. 업적상여는 매기 누적상향되는 것이 아니며, Grade에 대하여 분배된 자원을 기초로 성과의 달성도에 따라 결정됩니다. 결정은 부문의 최상위권자가 행합니다.

(3) 일반직의 'Practice 제도'

① 직군별 인사관리(직군의 구분과 설정)

일반직(노동조합원)층의 인사제도는 [그림 4-2]와 같습니다. 회사는 기본적으로 일반직(노동조합원) 시기를 육성의 기간으로 보고 있습니다. 따라서 기본적으로 아래의 지침에 따라 관리하고 있습니다.

- 기대 성장 수준의 명확화와 평가결과의 명시
- 드러나는 행동/스킬(Practice)의 수준에 따른 처우
- 일하는 방식 및 특징에 따라 직군 설정

② Practice 파일의 구성

Practice 파일은 높은 성과를 내고 있는 사람의 특징적인 행동이나 스킬(Best Practice)에 대해 어떤 행동(행동방식)이 성과에 이어지는가, 필요

[그림 4-2] 직군와 구분의 설정

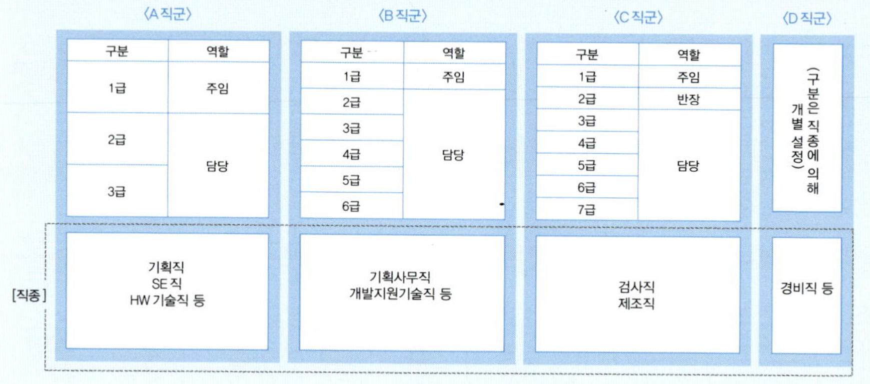

로 하는 스킬(자격, 어학능력 등)은 무엇인가를 분석하고 정리한 것입니다. 이는 높은 성과를 내기 위한 행동의 모델로서 기능하며, 의식과 행동을 변화시키며, 능력상향, 스킬업, 경력의 목표, 평가의 기준입니다.

〈표 4-2〉 전문가 Practice

대항목	중항목	소항목	행동기준
행동모델	판매촉진	시장의 파악	타사의 비즈니스 전략을 파악하고, 경쟁력 있는 자사의 판매전략을 입안한다
		기획	기존 작업 전략에 따른 형태로, 콘셉트를 명확하게 한다
	기획/제안	정보수집	고객과의 일상회화와, 자신이 보유하고 있는 시장동향정보를 묶어서, 고객이 가지는 막연한 요구를 구체화한다
		과제추출	자신의 경험/상식의 범위 내에서 과제를 설정하는 것이 아닌, 넓은 분야에서 과제를 설정한다
		제안	유저에 대한 전략을 갖고, 고객을 만족시켜 NEC가 이익을 낼 수 있도록 답변을 항상 용이하도록 노력한다
자격취득			정보처리기술자시험 등
견습수강			지정견습부터 3과목
어학			TOEIC ××× 점 이상

Practice 파일은 두 개의 Practice로 구성되어 있습니다. 그중 하나는 '플랫폼 Practice'라 부르며, 전사공통으로 존중하여야만 하는 가치나 행동의 기준을 나타냅니다. 또 다른 하나는 '전문가 Practice'(〈표 4-2〉)라 부르며, 직종 단위로 성과에 연결되는 구체적인 행동이나 스킬, 노하우 등을 나타냅니다. 이는 고성과자의 성향을 조사하여 정리되며 직군별로 작성되고 있습니다.

3) 보상제도

(1) 기본급

임금은 [그림 4-3]에 나타나는 바와 같이 각 직군 및 역할등급별 임금의 밴드가 설정되어 있습니다. 인상을 하더라도 상위의 임금밴드에 도달하지 못하는 경우에는 그 임금 밴드의 최하로부터 시작하는 것이 원

[그림 4-3] 일반직(주임 이하)의 임금체계

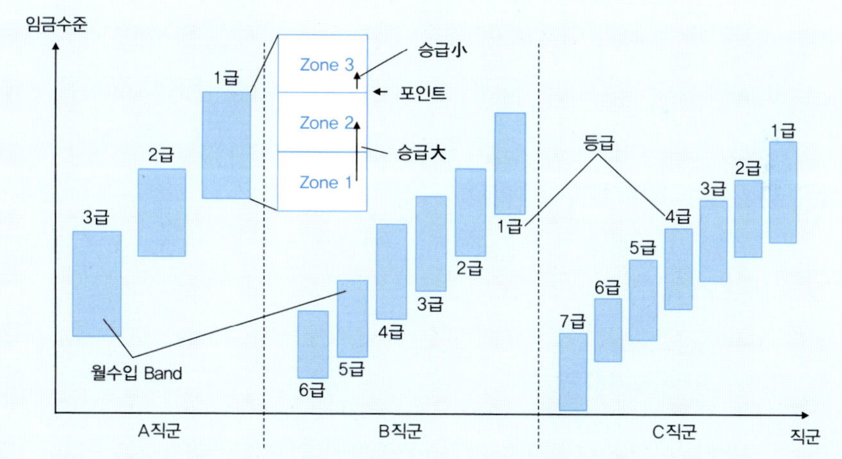

[그림 4-4] 보수체계 이미지

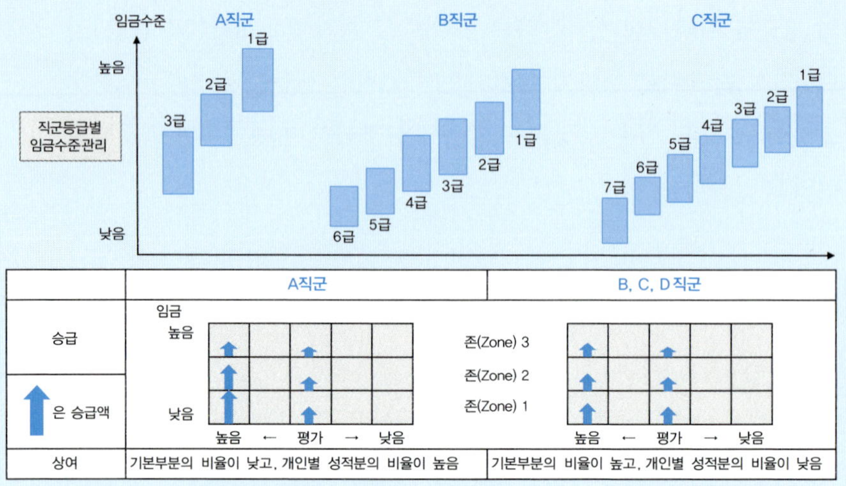

칙입니다. 또 밴드의 상한에 도달하는 경우에는 거기서 멈추게 됩니다. 보다 높은 임금을 받기 위해서는 상위등급으로 진출하여야 합니다.

인상은 인사고과에 의해 결정되지만, [그림 4-4]에 나타난 바와 같이 인사고과 결과가 같더라도 임금 밴드 아래의 위치에 있을수록 고액의 인상이 이루어집니다. 또 꾸준하게 일관된 성과를 내도록 요청받는 B직군, C직군보다, 개인성과의 반영 정도가 큰 A직군의 경우 평가에 의한 인상차가 크게 설정됩니다.

한편, 직군별로 역할등급의 수, 임금수준의 상·하한선이 다름을 알 수 있습니다.

(2) 성과급(상여)

상여는 [그림 4-5]에 나타난 바와 같이 기본적으로 A직군에서는 기본부분의 비율이 낮고 개인별 성적분의 비율이 높습니다. B, C, D직군은 기본부분의 비율이 높고, 개인별 성적분의 비율이 낮게 되어 있습니다. 즉, A직군에서는 개인별 업적의 차이가 크게 나면 날수록, 차등폭이 커지도록 설계되어 있다는 것을 의미합니다.

상여는 [그림 4-5]에서 본 바와 같이, 업적 Review 결과에 따라 결정됩니다. 업적 Review는 목표대비 달성도에 따라 절대평가로 실시하게 되나, 상여금은 한정된 자원을 배분해야 하므로 평가결과를 바탕으로 상대적으로 분배합니다. 상여의 업적분배는 업적평가에 의하여 자동적으로 결정되는 것은 아니며, 각 부문의 최상위권자가 분배 받은 자원의 범위 내에서 개별로 금액을 할당하는 작업을 진행합니다.

또한, 상여는 월수입액에 관계없이 연공요소를 배제하여 기본부분은 동일액으로 설정됩니다. 그 결과, 반년단위의 단기업적의 격차가 그대로 상여총액의 격차가 됩니다. 또 다음 분기에 이월되는 일 없이 초기화

[그림 4-5] 상여배분방식의 개정(2003년 6월 상여~)

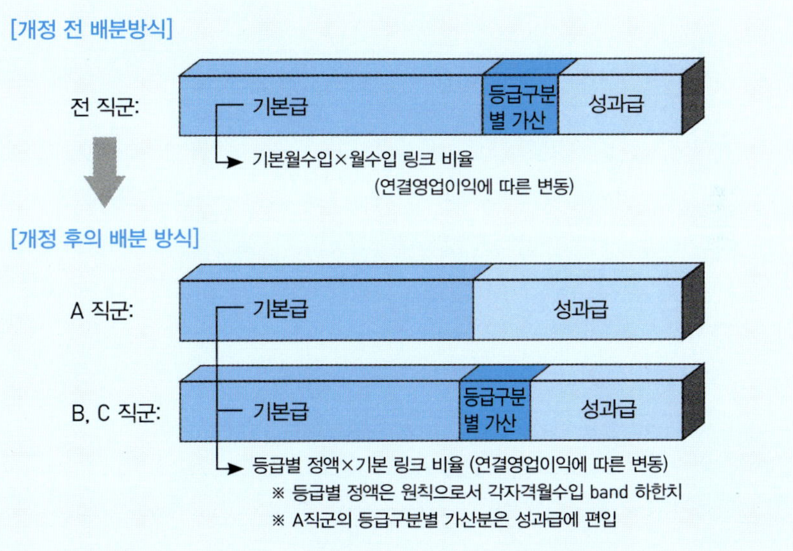

되어, 운용하기 쉽다는 측면도 가지고 있습니다.

4) 평가제도

평가제도의 흐름은 아래와 같습니다. [그림 4-6] 일반직(노동조합원)층의 경우, 경력 Review에 의해 Practice(컴피턴시)를 평가하고, 업적 Review를 통해 성과를 평가합니다. 경력 Review는 개인별로 설정된 Practice를 평가하는 것에 덧붙여 상사와 능력, 육성, 경력개발 등에 관해 상담하는 구조로, 연 1회 실시합니다. 업적 Review는 반기단위에 주요한 업무 3~5개의 목표설정과 그 Review를 진행하는 것으로서, 연 2회 실시합니다.

경력 Review는 Practice 파일에 근거하여 '본인과 상사의 면담'에 의한 능력평가, 육성, 경력개발을 진행하는 구조로 되어 있습니다. 이 Practice

[그림 4-6] 평가·처우의 흐름

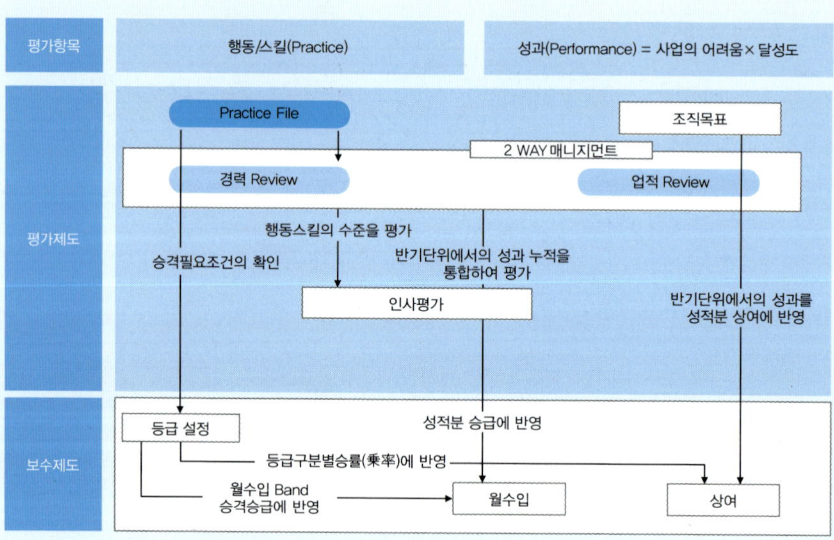

파일은 3가지로 활용할 수 있습니다. 첫 번째는 평가기준으로 Practice의 달성도를 절대평가하고, 인사고과의 기초자료로서 이용합니다. 두 번째

〈표 4-3〉 업적 Review 양식

2010○년도 상반기 목표

◇2010○년도 상반기의 주요한 목표

(목표가 기대수준보다 낮다고 판단하는 경우, 면담 후 수정. 상사가 수정내용은 목표의 수정란에 기입)

<table>
<tr><th colspan="3">본인기입</th><th>직속상사기입</th></tr>
<tr><td>주요한 업무목표</td><td>목표의 구체적인 내용과 추진계획</td><td>목표 수정</td><td>목표의 수준·난이도</td></tr>
<tr><td colspan="3" rowspan="4">①</td><td>S □ 매우 높음</td></tr>
<tr><td>A □ 높음</td></tr>
<tr><td>B □ 평균</td></tr>
<tr><td>C □ 평균 이하</td></tr>
<tr><td colspan="3">②</td><td></td></tr>
<tr><td colspan="2">직속상사 코멘트
[기대하는 구체적인 내용이나 수준에 관한 개선사항 기입]</td><td colspan="2">상위상사 코멘트
[직속상사의 개선사항 기입]</td></tr>
</table>

<table>
<tr><th colspan="2">본인기입</th><th colspan="2">직속상사기입</th></tr>
<tr><td>주요한 업무 목표
결과·업적의 구체적인 내용</td><td>자기평가
(목표로 하는 성과·업적)</td><td>목표 수준·난이도</td><td>목표로 하는 성과·업적의 달성도</td></tr>
<tr><td rowspan="5">①</td><td>S □ 대폭 향상되게 달성함</td><td>S □ 매우 높음</td><td>S □ 대폭 향상되게 달성함</td></tr>
<tr><td>A □ 충분히 달성함</td><td>A □ 높음</td><td>A □ 충분히 달성함</td></tr>
<tr><td>B □ 달성함</td><td>B □ 평균</td><td>B □ 달성함</td></tr>
<tr><td>C □ 대부분 달성함</td><td>C □ 평균 이하</td><td>C □ 대부분 달성함</td></tr>
<tr><td>D □ 달성하지 못함</td><td></td><td>D □ 달성하지 못함</td></tr>
<tr><td>②</td><td></td><td></td><td></td></tr>
<tr><td colspan="2">반성점·코멘트 기입</td><td colspan="2">총합평가 S □ A □ B □ C □ D □</td></tr>
<tr><td colspan="2">직속상사 코멘트
[성과·업적의 달성도에 관한 개선사항 기입]</td><td colspan="2">상위평가
총합평가 S □ A □ B □ C □ D □
코멘트
[직속상사의 개선사항 기입)</td></tr>
</table>

는 행동목표로 Practice의 달성도를 확인하고, Practice의 향상계획을 제안하는 데 활용됩니다. 세 번째는 경력목표로서 자신의 적성이나 강점을 확인하고, 경력개발계획을 제안하는 데 활용됩니다

한편 업적 Review의 목표는 반기 단위로 설정하게 되며, 목표설정 양식은 각 비즈니스 유닛 단위로 고안되었습니다. 〈표 4-3〉에 그 사례를 소개합니다. 대체적으로 주요한 업적목표를 3~5항목 기입하고, 난이도를 고려하여 종합적 레벨을 결정합니다. 또한 일반적으로 전기의 결과와 다음 분기의 항목 두 가지를 기입하여 상사에게 제출하며 상사제출 후 면담을 실시합니다.

분기 도중에 목표가 변하거나 추가되는 경우에는 목표를 변경하기도 합니다. 최종평가에서는 변경 후/추가된 항목을 더하고, 중요도가 높은 것부터 최종적으로 기입한 후 평가를 진행합니다.

인사평가(종합평가)에 관해서는 과거 1년간 Practice 파일의 달성도와 업적을 연 1회 모집단 내에서 분배율에 따라 평가합니다. Practice의 목

[그림 4-7] 승격

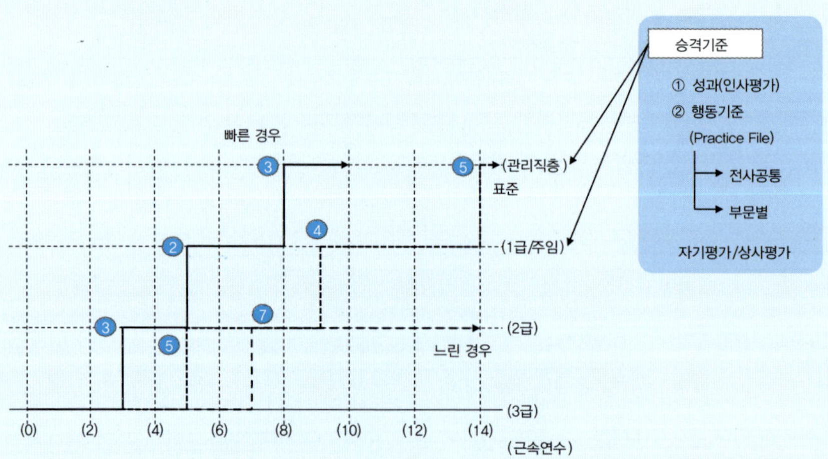

표를 달성하고 업적 목표를 높은 수준으로 달성한 사람이 가장 고과가 높게 책정됩니다. 평가모집단은 조직 내에서 직군, 등급구분별로 설정합니다. 승격은 Practice 파일(행동기준)을 달성하고, 각 인사평가상 상위에 위치하며, 부문의 최상위권자로부터 추천이 있는 사람을 대상으로 합니다([그림 4-7]). Practice는 졸업요건이 있으며, 상위 등급의 업무를 수행할 수 있는 기대치가 높은 자가 추천됩니다. 승격된 사람에게는 새로운 레벨의 업무가 할당됩니다.

5) 변화관리

설계 이후 실행상의 과제는 다음과 같았다고 합니다.

첫째는 평가의 수용성을 향상시키기 위한 대처였습니다. 평가의 수용성을 높이는 것은 영원한 과제이지만 NEC에서도 이와 관련한 노력이 필요했습니다. 예를 들어, 상사와 부하가 업무수행 시 논의하는 것 이외에도, 상사, 부하 쌍방의 커뮤니케이션 능력을 높이기 위한 교육 연수를 강화하고 있었습니다. 상사에게는 쌍방향 커뮤니케이션의 스킬을 높이기 위한 목표로 교육을 실시하며, 부하에게는 어떤 방식으로 평정 면담을 수행할 것인가에 대한 연수기회를 부여하고 있었습니다.

둘째, 프로세스 평가의 필요성입니다. 평가는 업적 중심으로 단기적인 관점으로 치우치기 쉽습니다. 그 폐해로서는 단기적인 성과를 내는 업무 이외에 주력하지 않거나, 업무수행의 과정에 대해서 주력하지 않고 결과만을 추구하는 것 등을 들 수 있습니다. 또한 개인의 업적중심이 되다 보니 개인중심(부분최적)이 되기 쉽고, 부문이나 회사가 추구해야 하는 방향의 업무를 하고 있는가(전체 최적)에 대해서는 의문이 들 수 있습니다. 따라서, 중장기적으로 대처해야만 하는 과제를 어떻게 평가항목으로 포함할지, 업무수행의 과정을 어떻게 평가할지에 대해 명확하게 할 필요성이 점점 증대되고 있었습니다.

셋째, 인재육성과의 연계입니다. 결과만을 추구하면 자기자신에 대해서도 부하에 대해서도 '육성'의 관점이 약해질 위험성이 높아집니다. '결과만 내면 좋다' '그 결과를 내는 것은 개개인의 책임이다' '어떤 수단과 방법을 가리지 않더라도 결과만 내면 된다'와 같은 사고방식에 빠지면 상사도 부하도 업무와 관련한 노하우의 전수나 인재육성의 관점을 잊기 쉽습니다. 제도 차원에서 이러한 점에 대해 얼마나 대처해 나갈 것인가가 점점 중요해지고 있었습니다.

2. 사례: 山式(야마타케)

설립연월: 1949년 8월(창업 1906년 12월), Azbil로 사명변경(2012년)
자본금: 105억 엔
매출액: 2,362억 엔(2009년 3월말)
인원: 5,429명(2009년 3월말 기준)
평균연령: 42.3세
평균근속: 18.4년
업무내용: Building Automation사업, Advice Automation 사업, Life Automation 사업
본사: 동경부

1) 배경 및 필요성

2003년 4월에 관련회사 2개사를 합병한 이후, CIC(Company In Company)제를 기반으로 사업추진체계를 재편하였습니다. 그러나 합병 초각 회사별로 관리직·전문직의 인사, 임금제도에 차이를 보였으며, 업무계획과 인사, 임금제도의 연동, 성과반영, 총액인건비관리 등 세부 제도

의 운영이 어려움에 봉착했습니다.

또한 국제화, 정보화의 진전뿐 아니라, 사회구조의 변화와 같은 외부 환경의 변화는 야마타케사의 사업전략과 사원의 의식, 업무의 본질적인 변화를 촉구하였습니다

이에 야마타케는 사업전략에 있어 [사업부제를 기반으로 한 사업운영으로의 전환]을 변화의 방향으로 잡았습니다. 사람과 일 차원에서는 [성과의 적정한 평가와 처우로의 반영을 중시하는 경향], [포스트 지향으로부터 사업, 전문가 지향으로], [인원구성의 중고령화, 고자격화], [IT화에 의한 업무의 질적 변화]가 변화의 방향성으로 제시되었습니다.

이에 2004년 4월에 [사원인센티브, 모티베이션 향상책의 강화], [인사처우에 있어서의 공통 플랫폼 구축]을 HR 방향으로 하여 '역할'에 근거한 인사, 임금제도의 설계 및 운용을 실시하였습니다.

그 이후 2006년에 창업 100년을 앞두고 야마타케 그룹이념의 하나로서 [우리들은 '사람 중심'의 발상으로 우리들다움을 추구합니다]를 내걸었습니다. 그리하여 '사업을 지탱하는 사람과 조직의 변혁', 즉 기업체질의 근본적 강화책의 하나로서 2009년 4월에 다시금 평가제도와 임금제도를 개선하였습니다.

2) 직급 및 등급제도

Job Grade 제도는 관리직과 전문직층(통칭 MS직층)을 대상으로 하며, Job Grade의 단계수는 [관리직, 전문직 각각 5단계(JG1~JG5)]로 구성되어 있습니다.

대외호칭의 경우, 관리직은 조직직위상 명칭을 사용하고, 전문직은 [JG4~JG5=○○담당시니어매니저, 담당부장], [JG1~JG3=매니저, 담당과장]을 기본으로 하되, 부문에서 일부 조정하는 방식으로 설정하고

〈표 4-4〉 관리·전문직층의 Job Grade 제도

<table>
<tr><th>구분</th><th>자격/직능등급</th><th colspan="4">Job Grade</th><th colspan="3">대외평가</th></tr>
<tr><td rowspan="6">관리·
전문직층
(=MS직층)</td><td rowspan="6">자격·
직능등급은
폐지</td><td colspan="2">Job Grade</td><td>관리직
(Manager)</td><td>전문직
(Specialist)</td><td>관리직</td><td colspan="2">전문직</td></tr>
<tr><td>JG5</td><td rowspan="5">Job
Grade
등급
기준에
따라
등급
설정
실시</td><td rowspan="5"></td><td rowspan="5"></td><td rowspan="5">총괄부장,
부장,
지점장,
공장장,
센터장,
GM 등</td><td rowspan="2">○○담당
Senior
Manager·
담당부장</td><td rowspan="5">JG4~JG5는 담당 Senior Manager·담당부장
JG1~JG3는 담당 Manager·담당과장을 기준으로 하며, 이후의 부문도 협력하여 설정함</td></tr>
<tr><td>JG4</td></tr>
<tr><td>JG3</td><td rowspan="3">○○담당
Manager·
담당과장</td></tr>
<tr><td>JG2</td></tr>
<tr><td>JG1</td></tr>
</table>

있습니다.

Job Grade는 각 연도 초(4월)에 신청하며, 그 대상자는 원칙적으로 [역할이 변경되는 자](예: 조직 직위의 변경, 직무의 대폭 변경 등)만으로 합니다.

(1) Job Grade의 등급 부여

Job Grade의 등급 부여 순서는 다음과 같습니다.

- 연초에 업무계획에 따라 부문방침이 결정된다.
- 개별 직원들은 부문방침에 의거하여 자신의 역할이나 목표를 확인하고, 연도의 역할·목표를 [역할평가 시트(대상기간: 4월~다음해 3월)]에 기입하여 상사에게 제출한다.
- 상사와 부하의 역할·목표설정면담에 따라, [역할평가 시트]를 근거로 연도의 역할이나 목표에 대해 상담하여 결정한다.
- [Grade별 평가항목별 기준표]에 따라 부문책임자가 Job Grade를 신청하고, Job Grade 평가회의에서 심사 후, 각 담당 경영층과 Company 사장이 결정한다.

또한 직책을 겸임하고 있는 직원의 Job Grade는 원칙적으로 주로 담당하는 직책의 역할에 따라 등급이 부여되며, 관리, 전문직 승격자는 역할에 따른 Job Grade를 부여합니다.

(2) Grade 기준의 책정

Company 간 격차발생을 방지하기 위해 전사공통기준의 [Grade별 전사공통기준표] [관리직·전문직별 Grade별 전사공통기준표]와, 관리직 직책이나 전문직의 Grade를 등급매기기 위한 기준으로 활용하는 [Grade별 평가항목별 전사공통기준표], [Grade별 평가항목별 직장별 기준표]가 마련되어 있습니다. 또한 [Grade별 평가항목별 직장별 기준표]는 〈표 4-5〉와 같이, 9개의 기준표로 구성되어 있습니다.

〈표 4-5〉 Grade별 평가항목별 직장별 기준표

직장(職掌)	자격/직능등급	Job Grade	개발	생산	엔지니어	서비스
Corp	①	②	⑤	⑥		⑨
Bca		③			⑦	
Aca		④			⑧	

3) 보상제도

(1) 기본월봉의 결정방법

2004년 4월 [Job Grade제] 도입 초기에는 매년의 기본월봉 평가결과를 인상에 반영하는 비누적식 구조를 취했었습니다. 그중 업적평가의 결과가 가장 크게 반영됨에 따라 기본월봉의 절대적 변화 금액이 컸습니다.

이에 대해 2009년 4월 개정 시에는 기본월봉은 기본적으로 능력발휘도에 따라 결정되도록 하고, 상여는 업적평가결과를 반영하는 것으로 하여 기본월봉의 안정성을 높이는 구조로 바뀌었습니다. 즉, 기본월봉은 전년도의 기본월봉+승급(강급)액으로 정하는 것입니다.

승급(감급)액은 승급(강급)액의 산출방법에 기초하여 결정되며, Job Grade별 밴드의 상한과 하한 내에서 능력발휘 정도의 누적분을 반영하는 형식으로 하였습니다.

(2) 승급(강급)액의 산출

승급(강급)액은 [능력발휘평가]에 근거하여, 승급계수표에 따른 계수로부터 산출됩니다. 평가등급이 [S+, S, A+, A]의 경우는 승급, [B+]은 현상유지, [B 또는 C]에서는 마이너스(강급)가 됩니다.

또한 기본월봉승급액은 아래와 같이 산출됩니다.

승급재원/승급계수총점=표준단가
표준단가×승급계수=승급(강급)액
승급계수총점=∑(능력발휘평가별인원×승급계수)

(3) 표준기본월봉과 월봉의 상한·하한

Job Grade마다 기본월봉의 상한·하한액이 설정되어, 기본월봉액은 원칙적으로 이 테두리 안에서 승급(강급)할 수 있도록 책정됩니다. 또, 표준기본월봉(Median 값)을 설정하여, 전년도의 기본월봉이 표준기본월봉 수준 미만에 위치하는 경우, 전년도의 기본월봉이 표준기본월봉 이상에 위치하는 경우보다 인상률이 커질 수 있도록 승급계수를 설정하였습니다.

한편, 강급의 경우는 전년도의 기본월봉이 표준기본월봉 미만인 경우, 전년도의 기본월봉이 표준기본월봉 이상에 위치하는 경우보다 그

[그림 4-8] 기본월봉 이미지 및 승급계수표

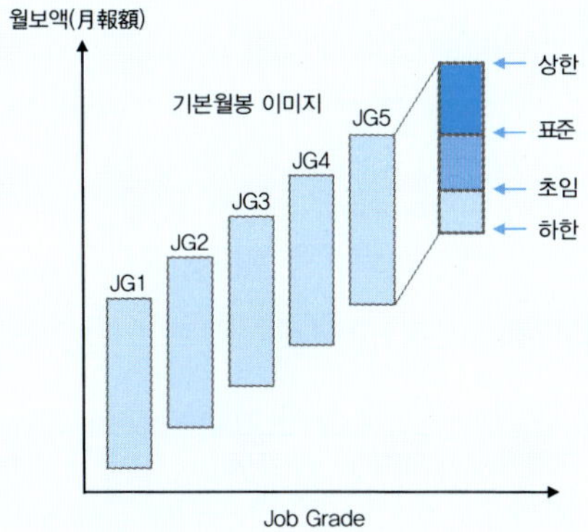

[전년도의 기본월봉이 표준기본월봉 미만인 경우의 승급계수표]

JG	S+	S	A+	A	B+	B	C
5	7.0	→	→	1.4	0.0	−3.0	−5.0
4	⋮			⋮	0.0	⋮	⋮
3	⋮			⋮	0.0	⋮	⋮
2	⋮			⋮	0.0	⋮	⋮
1	5.0	→	→	1.0	0.0	−2.0	−4.0

[전년도의 기본월봉이 표준기본월봉 이상인 경우의 승급계수표]

JG	S+	S	A+	A	B+	B	C
5	4.0	→	→	0.7	0.0	−5.0	−10.0
4	⋮			⋮	0.0	⋮	⋮
3	⋮			⋮	0.0	⋮	⋮
2	⋮			⋮	0.0	⋮	⋮
1	3.0	→	→	0.5	0.0	−4.0	−8.0

금액이 작게 책정됩니다.

한마디로 표준기본월봉 금액 상위에 있는 경우, 인상폭은 작고 강급폭은 크게 가져가고, 표준기본월봉 금액 하위에 있는 경우 인상폭은 크게 강급폭은 작게 가져간다는 것입니다.

(4) Job Grade 변경시의 기본월봉

Job Grade 승급 인원들의 기본월봉은 전년도의 기본월봉에, Grade 승급 전의 Grade(=전년도 Grade)에서의 능력발휘평가에 의해 결정됩니다. 즉, 승급액을 가산하여 Grade up 후의 기본월봉으로 한다는 것입니다. 다만, 이 룰에 의해 당년도 기본월봉이 Grade up 후의 초임기본월봉 미만인 경우에는 승급하는 Grade의 초임기본월봉액을 당년도의 기본월봉으로 합니다

한편, Job Grade를 내리는 인원에 대해서는 Job Grade를 내리기 전의 Grade(=전년도 Grade)와 능력발휘평가에 의해 결정된 승급(강급)액을

가산(감산)하며, Grade를 내린 후의 기본월봉으로 합니다. 다만, 이 룰에 의해 당년도 기본월봉이 Grade를 내린 후의 상한보다 상회할 경우, 1년째는 그 기본월봉을 보장하고, 다음해에 해당 Grade의 상한액까지 끌어 내립니다.

(5) 상여의 결정방법

상여의 재원은 조합원 상여 산정식에 연동하여, 각 Company와 부문의 지급 총인원이 결정됩니다. 또한 개인에의 상여지급액은 [연도마다의 Job Grade별 업적평가]와 [상여기준계수]에 의해 결정됩니다.

4) 평가제도

평가제도는 매년 업적목표에 따른 달성도평가(업적평가, 연1회. 2004년 당초는 반기마다 연 2회였지만, 연도별 업무계획을 세우면서부터 2009년 4월에 연 1회로 정함)와 행동에 근거한 능력의 발휘 정도에 대한 평가(능력발휘평가, 연 1회)로 구성됩니다. 업적평가는 상여에, 능력발휘평가가 기본월봉의 승급(강급)에 반영됩니다. 평가의 단계 수는 능력발휘평가와 같이 S+, S, A+, A, B+, B, C의 7단계입니다.

(1) 제도운용의 순서

[역할평가시트]는 [업적평가시트]와 [능력발휘평가시트]로 구성됩니다.

당해년도의 역할·목표를 기재한 [업적평가시트]와 역할목표달성을 위해 어느 정도 능력을 발휘해야 하는지 기재한 [능력발휘평가시트]에 근거하여, 당해 연도의 역할·목표와 능력발휘목표를 설정하기 위한 면담을 실시합니다.

연말에는 [업적평가시트(연 1회)] [능력발휘평가시트(연 1회)]에 의해 업적달성도 면담과 능력발휘도 면담을 실시합니다.

연말 면담결과에 의해 상사는 [업적평가시트(평가자용)], [능력발휘평가시트(평가자용)]을 작성하고, 부문책임자가 업적평가 또는 능력발휘평가의 점수를 확인한 후, 평가분포와 평가결과를 분석하고 평가회의에서 심사합니다. 그 후 각 담당 경영층, Company 사장에 의해 최종적으로 평가등급이 결정됩니다.

업적평가, 능력발휘평가의 평가대상기간은 4월~다음 해 3월이고, 평가시기는 다음해 4월입니다.

(2) 평가의 산정방법과 평가분배

능력발휘평가는 능력발휘평가시트의 평가항목마다 5단계 평가(1~5점)로 하고, 그 평균을 능력발휘평가점으로서 평가분포가이드라인(〈표 4-6〉)에 따라 전체적으로 분포시킨 후, 조정하여 평가를 결정합니다.

한편, 업적평가는 업적평가시트로 산출된 점수를 이하의 평가분포가이드라인 〈표 4-6〉에 따라 전체적으로 분포시킨 후, 조정을 통하여 평가를 결정합니다.

〈표 4-6〉 평가분포 가이드라인

능력발휘평가

평가	S+	S	A+	A	B+	B	C
분배비율	35%			65%			

업적평가

평가	S+	S	A+	A	B+	B	C
분배비율	10%		25%	40%	20%	5%	

3. 사례: 삿포로 맥주

설립연월: 2003년
매출액: 2,829억 엔(2009년 12월)
인원: 2,063명(2009년12월말 기준)
업무내용: 맥주, 발효주, 그 외의 주류의 제조, 매상, 와인, 양주의 판매 등
본사: 동경부

1) 배경 및 필요성

2003년 삿포로 그룹은 기업가치 향상을 목적으로 삿포로맥주주식회사의 계속 기업으로서 순수지주회사인 삿포로홀딩스주식회사를 설립하고, 그 산하에 완전자회사로서 주류, 음료, 부동산, 외식의 4가지 사업회사를 두는 회사재편을 실시하였습니다.

신생 삿포로 맥주는 그룹의 핵심인 주류사업회사로서 재편 당초의 중기경영계획에 따라 환경변화에 적극 대응하고, 매출 여하에 관계없이 이익을 산출하고, 즉각적인 대응이 가능한 '강하고 좋은 회사'를 목표로 구조개선을 실시하였습니다. 구체적인 과제로는 고정비(인건비)의 변동비화, 새로운 사업과 비즈니스모델 구축, 그리고 적극적으로 도전가능한 인재의 육성/등용 등을 들 수 있습니다.

2007년에 실시된 인사제도 개정은 직능자격제도를 폐지함과 동시에 역할요건제도를 도입하는 근본적인 개혁이었습니다. 또한 이에 따라 임금제도를 재설계하였으며, 삿포로홀딩스에 경력형성지원실을 설치하여 경력형성의 내실을 다지기 시작했습니다.

2) 직급 및 등급제도

(1) 직능자격제도로부터 역할요건제도로

삿포로 맥주가 과거 운영했던 직능자격제도는 개인의 보유능력에 근거하여 처우를 결정하는 구조로서, '보유능력은 떨어지는 일이 없다'는 것을 전제로 하는 것이었기 때문에, 한 번 등급이 매겨지면 하위자격으로의 변경(=감격)은 행해지지 않았습니다. 따라서 연공성이 강한 처우의 원인이 되고 있었습니다.

직능자격제도는 직무와 자격(처우)을 분리하여, 직무에 적응하지 못한 사원의 동기부여나 생활을 고려할 수 있다는 이점이 있습니다. 그러나 일을 잘 하든, 그렇지 않든 그다지 차이가 없다는 의식을 양성하고, 성과업적과 처우의 불균형이 생길 가능성이 있다는 것도 부정할 수 없었습니다. 삿포로 맥주의 경우, 이러한 제도의 특성 때문에 내부적으로 활력 있는 풍토가 형성되는 데 어려움을 겪고 있었습니다.

[그림 4-9]의 좌측 하단 그림은 종래의 직능자격제도로 급여/상여 등의 처우는 자격과의 연계가 강했습니다. 승격에 관해서는 입사연차를 고려하되 근무연수에 따른 연도별 숙달도를 종합적으로 평가하는 방식으로 제도를 운영하였습니다. 이에 본래의 성과누적이나 행동에 따른 보수연동보다도 자격이나 가족구성 등의 속인적 요소에 의해 결정되는 처우의 차이가 커지는 경우도 일부 발생하고 있었습니다.

현행의 역할요건제도([그림 4-9]의 우측 하단)에서는 기존 연령기준으로 처우하던 요소를 폐지하였습니다. 물론 장기적인 성과의 누적은 일정 부분 존중하지만, 기본적으로 보수는 역할에 따라 범위가 다르고, 그 역할에서의 성과에 따라 범위 내의 처우가 결정되도록 단순하게 설계하였습니다.

[그림 4-9] 직능자격제도에서 역할요건제도로

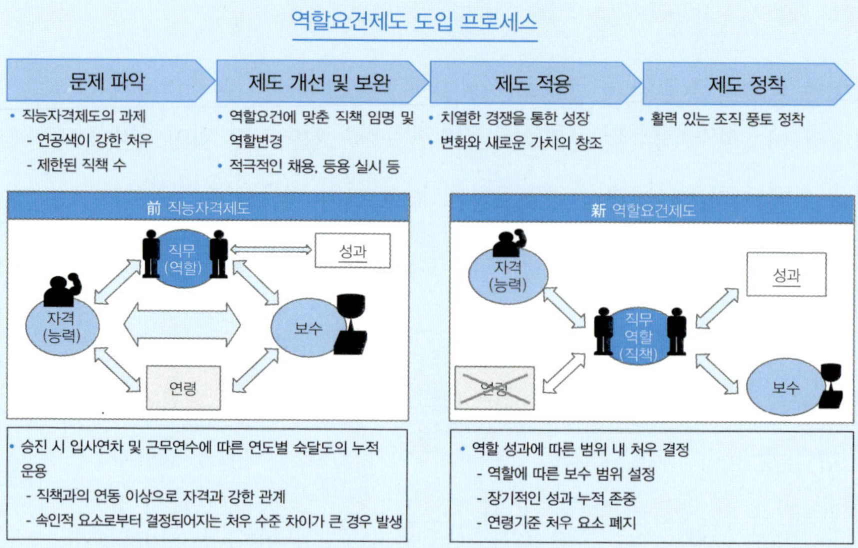

(2) 역할요건체계의 개요

[그림 4-10]은 역할요건체계도입니다. 보는 바와 같이 종래 관리직계열, 종합직계열, 지도직계열 등의 계열명칭을 2007년부터 각각 경영직계열, S계열, G계열로 변경하였습니다.

경영직 계열은 명칭변경에 따라 역할 또는 대상범위를 재정의하였습니다. 과거 관리직은 사업이나 조직의 경영을 담당하는 입장으로서 권한과 책임을 부여받은 역할이며, 보안상으로도 이 점을 중요하게 보고 있습니다. 그런데 관리직의 구성비가 증가하여 운영상의 문제가 발생하는 등 점차 조직운영상 개선의 필요성이 높아졌습니다. 또한 단순한 관리감독의 의미뿐만이 아니라, 사업, 조직의 운영을 주체적으로 실행하고 있다는 역할의식을 향상시킬 필요성도 있었습니다.

경영직 계열 내 역할을 명확히 하는 한편, 지역본부장/공장장 등을

[그림 4-10] 역할요건체계도

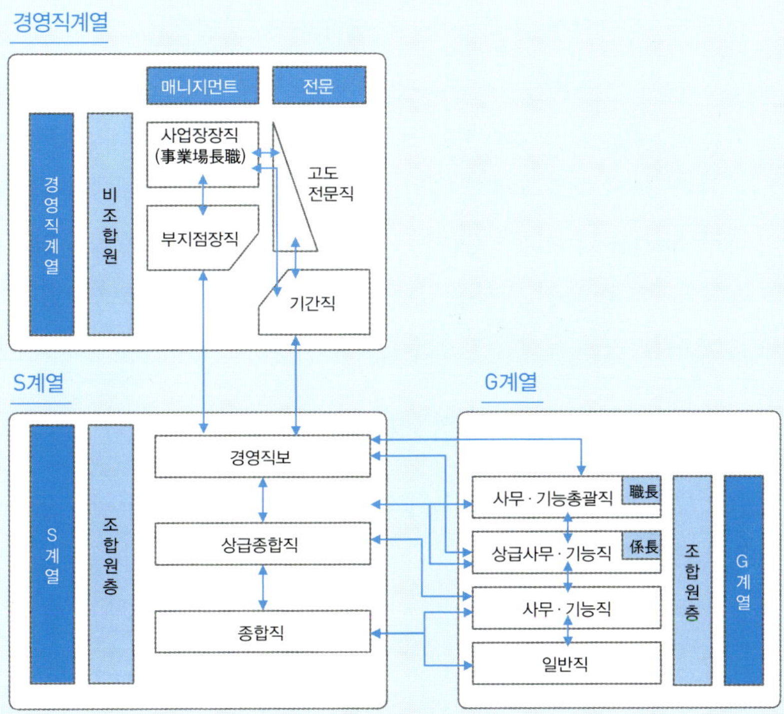

'사업장장직'으로, 사업장의 부지사장/지점장 등을 '부지점장직'으로 하며, '고도전문직'과 '기간직'을 신설하였습니다.

고도전문직은 최고 수준의 전문성/노하우/기술을 활용하는 업무를 수행함으로써 높은 업적을 실현하며, 경영에 기여하는 역할이 기대되는 직위를 의미합니다. 또한 사원의 모티베이션 향상에 대해서도 기여해야만 합니다.

기간직은 부지점장직을 준비하는 인원으로서 높은 성과를 지속하며 회사 전체에 영향을 미치도록 기대되며, 직책자에 준하는 경영을 수행해야 하는 역할로서 '경영직보' 이후 전문직 지향 트랙에도 유효하게 대응할 수 있습니다.

과거 종합직 계열이라 불렸던 S계열에는, '경영직보' '상급종합직' '종합직'의 3가지의 직위 역할이 포함됩니다. 이 직위들은 스스로 고도의 전문성/노하우/기술을 높이고, 그것을 활용하여 높은 업적을 실현해야 하며, '경영직보'를 목표로 하는 제도로 설계하였습니다.

한편, 과거 지도직 계열이라 불렸던 G계열에는 '사무·기능총괄직' '상급사무·기능직' '사무·기능직' '일반직'의 4개 직위 역할을 포함합니다. 공장라인부문 등의 직장은 새롭게 독립시킨 '사무·기능총괄직'에 자리를 두어 '직장의 책임자'로서의 역할을 담당하도록 하였습니다.

(3) 역할요건정의에 기반한 역할변경의 법칙

역할요건은 회사가 직원들에게 기대하는 각 역할의 요건을 단계에 따라 정의한 것입니다.

〈표 4-7〉은 각 역할이 어느 정도 단계에 있는지 표시하고, 해당 역할단계에 근거하여 여러 가지 역할요건을 정의하고 있습니다. 예를 들어 사업장장직의 역할요건 중 하나는 '비전 실현을 위해 사업전략을 책정하고, 경영자원을 활용하여 효과적인 추진 및 목표를 달성한

〈표 4-7〉 역할요건정의

사업장장직	사업을 담당하는 담당자로서 사업장을 리드하고, 경영에 관여하여 기업가치를 향상시키는 역할 단계
고도전문직	스스로 고도의 전문성/노하우/기술을 높이고, 그것을 활용하여 높은 업적을 실현하고, 경영에 기여하는 역할 단계
부지점장직	소관조직 및 그 구성원의 힘을 최대화하여, 높은 업적을 실현하고 경영에 기여하는 역할 단계
기간직	스스로 고도의 전문성/노하우/기술을 활용하면서 소속조직의 힘을 최대화에 공헌하여 높은 업적을 실현하는 역할 단계

다'이며, 이 역할요건을 적절히 수행하는지가 역할변경의 기준이 됩니다.

과거 인사제도에서는 현재 부여된 자격요건을 만족시키면 승격이 가능하다는 졸업요건 기준이 있었으나, 변경된 인사제도에서는 상위역할의 요건을 만족할 수 있는가를 역할변경의 기준으로 하는 입학요건 기준으로 변경하였습니다.

역할변경은 경영직 계열, S계열, G계열 각 계열 내에서도 실시되지만 경영직 계열과 S계열, S계열과 G계열(계열전환) 간에도 가능합니다.

S계열부터 경영직 계열로의 역할변경이나 경영직 계열 내에서의 역할변경은 원칙적으로 여러 해의 행동고과, 업적고과 등을 누적 반영하고, 최종적으로 임원들로 이루어진 '인사역원회(人事役員會)'에서 결정하고 있습니다.

또 G계열에 속하는 사원이라고 하더라도 도전의욕이 있고, 기대역할에 따라 성과를 내왔다면 경영직계열도 포함하여 경력 형성이 가능하도록 지원하고 있습니다.

역할요건 제도에서는 하위역할로 변경되는 경우도 있습니다. 하위역할로 변경될 때에는 처우가 떨어지기 때문에 역할변경의 이유를 확실히 설명하는 것을 원칙으로 합니다. 역할을 변경할 때에는 후보자에게 사전에 변경 가능성을 전달하고, 그 이후 성과를 고려하여 최종적인 인사역원회에서 판단하게 됩니다.

특히, 경영직 계열에 관해서는 '역할을 달성할 수 있는가'라는 기준뿐 아니라, 조직풍토 활성화의 관점도 고려하여 역할의 교체를 실시하고 있습니다. 물론 상위역할로의 재도전도 충분히 가능하도록 하고 있으며, 실제 역할이 하락한 이후, 성과를 낸 사원이 직전의 상위역할로 재승격되는 경우도 있습니다.

3) 보상제도

(1) 임금제도의 개선

① 임금제도의 기본적인 사고방식

재원총액은 현재수준을 유지하면서, 역할요건제도에 따른 임금체계를 재설계했습니다.

- 본급은 역할요건에 따른 역할급과, 행동고과/업적고과의 누적을 반영한 성과누적급의 합계액으로 구성된다.
- 상위역할이 되면 역할급 또한 상향되며, 하위역할이 되면 역할급 또한 하향 조정된다.
- 인건비의 변동비화를 지향하며, 역할이 올라가면 올라갈수록 연수입(임금)에서 차지하는 성과급의 구성비가 올라가며, 회사업적에 따른 변동폭이 커진다.

〈표 4-8〉 임금체계의 변경점

구분	변경 前	변경 後
기준 내 임금	• 본급 직능급 연령급 • 주택/세대주수당	• 본급 역할급 성과누적급
	• 가족수당	• 부양인 2명 이후 증액
	• 자녀교육수당	• 변경없음
기준 외 임금	• 변경 없음	
그 외 임금	• 직책수당 • 자격수당	• 계장 한정 지급 ※ 자격수당 또는 계장 이외의 직책수당에 관해서는 신설된 역할급에 반영되어 있기 때문에 폐지
	• 영업외근수당	• 대상 구분에 경영직보 구분 신설
기타	• 장인 인정 기간 중 상여에 정액을 추가 지급	

- 인건비 삭감이 목적이 아닌 역할요건제도에 따라 역할 간의 분배방법을 변경한다.

② 임금체계의 변경점

지금까지의 직능급 구조를 버리고, 역할급과 성과누적급으로 변경하였습니다. 그 결과, 숙달 정도, 연령/직능이라 하는 개념이 없어졌습니다. 또한 역할요건제도의 취지에 근거한 생활관련 수당을 개발하고 주택/세대주 수당을 폐지하는 한편, 차세대 육성의 관점에 따라 2명 이상의 부양자가 있을 경우 가족수당을 증액시켰습니다.

(2) 평가제도와 처우와의 연결

현행제도에서는 Competency 시트를 사용하는 행동고과 결과를 '역할급'에, 목표설정시트를 사용하는 업적고과 결과를 '상여'에 그대로 100% 반영하고 있습니다. 또한 '성과누적급'에서는 행동고과와 업적고과를 50%씩 반영하도록 하였습니다.

연수입은 아래의 산식과 같이 결정됩니다.

연수입＝기준내임금(역할급＋성과누적급＋생활관련수당)×12개월＋상여

구제도에서는 자격을 바탕으로 한 업적평가와 행동력 평가로부터 산출한 포인트를 [그림 4-11]과 같이 가중치를 분배하되, 승급/승격/상여 등 제도에 따라 가중치를 달리 반영하였습니다. 또한 상위자격으로 올라갈수록 업적평가의 가중치를 크게 하고 있었습니다. 가중치 분배와 관련한 논리 자체는 합리적이나, 포인트를 산출해서 최종고과에 연결시키는 프로세스가 이해하기 어렵다는 평가가 있었으며, 관리직 계열은 업적평가의 가중치가 높아 단기성과 지향적인 풍토를 조장한다는 문제가 발생하였습니다.

[그림 4-11] 평가와 처우의 결합 개선

[과거] 평가를 처우에 결합시키기 위해 가중치를 활용

		승급(昇給)			승격(昇格)			상여		
		성과공헌	행동력		성과공헌	행동력		성과공헌	행동력	
			직군	가치		직군	가치		직군	가치
CI	직책	70		30	70		30	90		10
	비직책	70	30		70	30		90	10	
VC	직책	70		30	70		30	90		10
	비직책	70	30		70	30		90	10	
EM		40	60		40	60		70	30	

[개정 후] 각 평가가 즉각적인 처우 반영

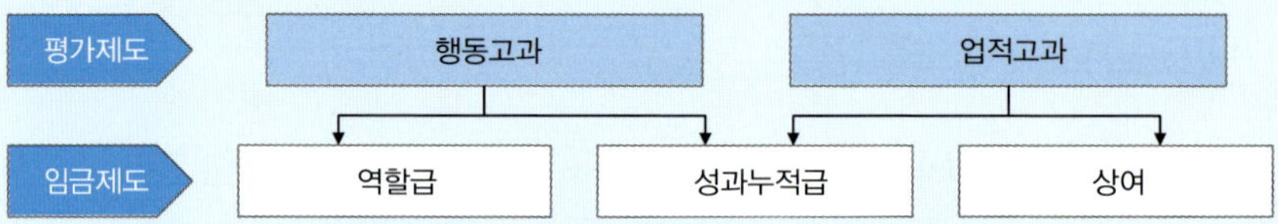

연수입 = 기준내 임금(역할급 + 성과누적급 + 생활관련수당) × 12개월 + 상여

(3) 역할급과 성과누적급

① 역할급의 설계

역할에 따른 처우를 실시하기 위해 역할별 테이블을 설정하되 역할 내에서도 개인의 고과랭킹에 따른 처우를 차별화하였고, 역할이 변하면 적용되는 테이블도 변경될 수 있게 설계하였습니다.

경영직 계열의 역할급으로 아래와 같은 비누적급방식을 도입하였습니다(〈표 4-9〉).

- 역할요건에 맞는 행동을 평가하여, 비누적급방식으로 한다.
- '전기의 행동고과'에 따라서 매년 금액을 결정한다.

역할급의 결정은 아래의 구조로 이루어졌습니다.

- Competency 발휘도에 따라서 7등급(1/저~4/중립~7/고)으로 행동

〈표 4-9〉 역할급 테이블

구분	고과 랭킹						
	1	2	3	4	5	6	7
사업장장직				高			
부지점장직	低						高
기간직				低			

고과를 결정한다.

- 역할별 테이블에 근거하여 행동고과 랭킹에 의한 금액을 결정하고, 이에 따라 역할급 테이블을 다음과 같이 설계했다.
  - 동일고과 랭킹일 경우 상위 역할을 수행하는 경우 금액이 높아진다.
  - 1랭킹 간 금액폭은 역할에 따라서 설정하고, 상위 역할로 갈수록 폭이 커진다.

한편, S계열 또는 G계열의 역할급은 호봉급 방식과 유사하게 설계하였습니다. 결정방식, 단계호봉표는 다음과 같이 설계하였습니다.

- 역할요건의 숙련요소를 가미하여, 역할마다의 호봉급 방식으로 한다.
- 상위역할 변경 후에는 원칙적으로 초봉부터 시작하나, 매년 행동고과 랭킹에 따라서 호봉을 누적시켜 승격한다([그림 4-12]).
- 역할별 상한액을 설정하고, 상한액에 도달한 경우는 동일 역할에 머무는 한 역할급은 승격하지 않는다.

② 성과누적급의 도입

장기간에 걸쳐 동기를 유발하기 위하여, 단년도 평가만이 아닌 장기 성과의 누적분도 일정비율로 반영하는 '성과누적급'을 신설하였습니다. 그 결정방법은 다음과 같습니다.

[그림 4-12] 승급의 구조

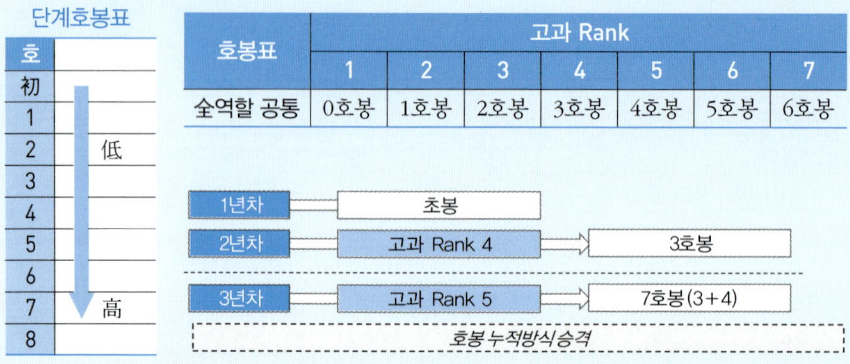

- 장기 성과의 누적이며, 금액이 내려가는 경우는 없다.
- 역할에 의해 구성비가 다르며, 대개 월례임금의 3할 정도로 한다.
- 매년의 행동고과, 업적고과로부터 포인트를 산출한다.
- 입사 후 누적한 포인트를 성과누적급 테이블에 적용시켜서 금액을 결정한다. 또한 성과누적급 테이블을 이하와 같이 설계한다.
  - 성과누적급 테이블은 15단계의 등급을 설정한다.
  - 신규입사한 경우에는 1급의 등급을 매기고, 그 이후는 포인트의 누적에 따라 승격한다.
  - 전 계열 동일한 테이블을 사용한다.

(4) 상여제도의 개선

급여체계를 개선한 결과 회사업적과 개인업적이 개인 보상수준에 연동되는 비율이 증가하여 성과주의적인 특징이 강해졌습니다. 상여제도 개선에 있어서는 '① 업적연동의 지표를 도입한다, ② 그룹연결업적을 도입한다, ③ 상위역할일수록 회사업적에 따른 변동폭을 크게 하고, 업적으로의 책임을 더욱 명확히 한다'라는 3가지의 사고방식을 기본으로 했습니다.

상여지급 산식은 다음과 같습니다. 하반기의 지급월수에 대해서는 전 역할의 2개월로 고정하고, 상반기의 지급월수에 회사 또는 개인업적에 따른 고과를 전부 반영하고 있습니다.

상반기 지급액수=본급×회사업적에 따른 월수
×개인업적고과에 따른 계수−본급×2개월

하반기 지급액수=본급×2개월

여기서 본급=역할급+성과누적급

개인별 업적고과에 따른 계수는, 종래 제도에서 직원들이 "일을 하든 안하든 이익이나 불이익이 없다"라고 인식하는 문제점을 극복하고, 성과를 창출한 사원이 손해가 없도록 하기 위해 폭을 확대 반영했습니다.

경영직 계열의 경우 전 역할에서 상하의 폭을 40%, 조합원은 역할에

[그림 4-13] 새로운 임금제도로의 연수입 이동 이미지

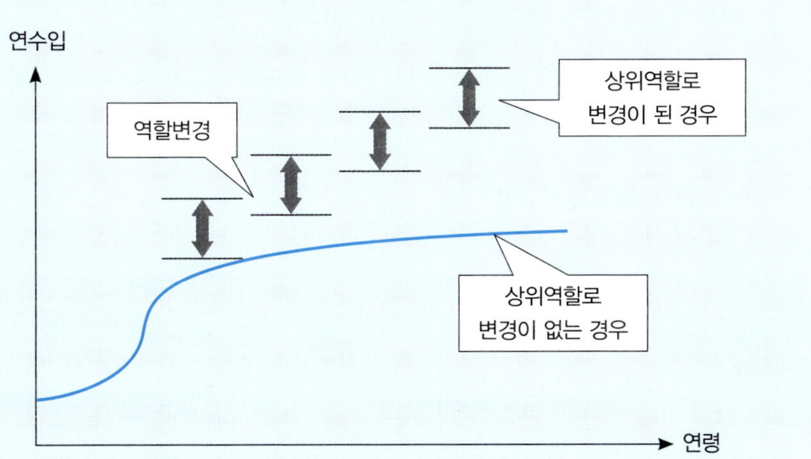

따라 상하의 폭을 20~30%로 하여 사원의 업적에 대한 의식향상을 꾀하고 있습니다.

또한, 새로운 임금제도에서는 역할 변경이 없으면 기본적인 연수입이 크게 증가하는 일이 없습니다.

4) 평가제도

삿포로 맥주에서는 1997년부터 평가제도에 S-chart시스템을 도입하고 있습니다. 이것은 '회사 전체의 연도목표나 사업장, 직장에서의 목표를 근거로 하여 각 인원이 역할에 따른 목표를 설정하고 달성을 향한 활동을 실시한 후 성과를 공정하게 평가하는 시스템'입니다. 삿포로 맥주의 목표관리제도를 포함한 일련의 인사제도 툴의 명칭이기도 합니다.

이 제도는 당해연도의 업적만을 보는 것이 아니라, 목표달성을 위해 매진하면서 자연스럽게 발전하게 되는 각 개인의 행동특성을 파악하고 그 강점, 약점을 확인하여 중장기적인 경력형성에 활용하도록 하는 것이 특징입니다.

S-chart 시스템은 사내에서의 정착도가 높으며, 시스템의 골격을 유지하면서 차근차근 개선해 나가고 있습니다.

인사제도에 있어 평가제도의 기본적 사고방식은 다음의 3가지입니다.

[그림 4-14] 평가제도의 구성

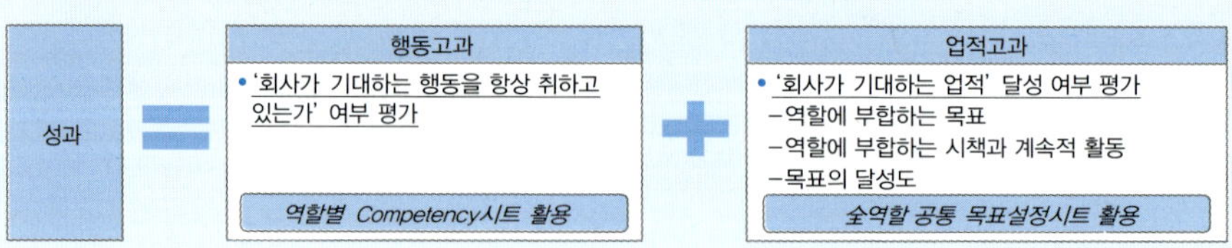

첫째, 업적평가에 있어서 난이도 높은 목표로의 도전을 장려하기 위해 '난이도'를 명확하게 설정함과 동시에 그에 합당한 평가를 받을 수 있도록 계수화하여 업적고과에 반영합니다.

둘째, 전 사원을 대상으로 역할에 따른 경쟁력을 파악하고, 역할별 기대행동을 명확하게 정의하여 스스로 성장할 수 있도록 합니다.

셋째, 인사제도 전체의 중요 테마인 평가의 투명성 향상을 추구하고, 평가의 항목과 결정과정을 명확하게 하며, 최종결과를 본인에게 피드백함으로써 구성원의 육성을 도모합니다.

평가제도는 '행동'과 '업적'을 포함한 '성과'로 구성되며, 평가제도상 각각 행동고과, 업적고과로서 평가합니다. 또한 평가에 있어서 행동고과는 역할별 'Competency시트'를, 업적고과는 전 역할 공통의 '목표설정시트'를 활용하고 있습니다

4. 사례: 대일본인쇄

1) 배경 및 필요성

대일본인쇄 주식회사는 1998년 보유 능력을 기준으로 한 직능자격제도에서 역할을 기반으로 한 역할등급제도로 인사제도를 개정하였습니다. 그 뒤에도 평가제도 운용의 충실화나 전문직 제도의 도입 등을 위해 제도를 개정 반영한 바 있습니다. 이후 약 10년이 경과하고, 환경이 크게 변화하는 가운데 2001년에 발표한 [DNP그룹 21세기 비전] 실현을 위해서는 새로운 인사 시책이 필요하다며 여러 인사제도의 재구축을 도모하기로 하였습니다.

2) 직급 및 등급제도

대일본인쇄에서는 [역할(등급)]을 직무와 직책을 기준으로 하지 않고, [사람]과 [(각 직군의) 일] 두 가지를 묶은 것에 기반하여 정의하였습니다. 즉, 각 직군 한 사람 한 사람의 현재 [역할 수행 수준]과 [발휘 성과]를 객관적으로 파악하여 각자의 [역할등급]을 결정하고 있습니다. 현재 수행하고 있는 역할과 발휘하고 있는 성과를 중심으로 영업, 제조, 개발, Staff 등 어느 직군이나 기본적으로 같은 가치를 가지고 있다고 평가하고 있습니다.

[급격한 변화 속에서는 각 직군이 완수해야 할 기본 기능과, 각 계층에게 요구되는 기대역할과 기대성과를 명확화해야 합니다. 또 각 직군별 기본 기능의 가치는 같아도, 부가가치를 창출하기 위한 직무의 숙련(習熟)도와 개인 재량성의 정도는 직군에 따른 특성이 있으므로 이러한 차이는 처우에 반영할 필요가 있다고 생각하게 되었습니다](사사키 신지·노무부 시니어 전문가).

[그림 4-15] 직군구분과 등급단계

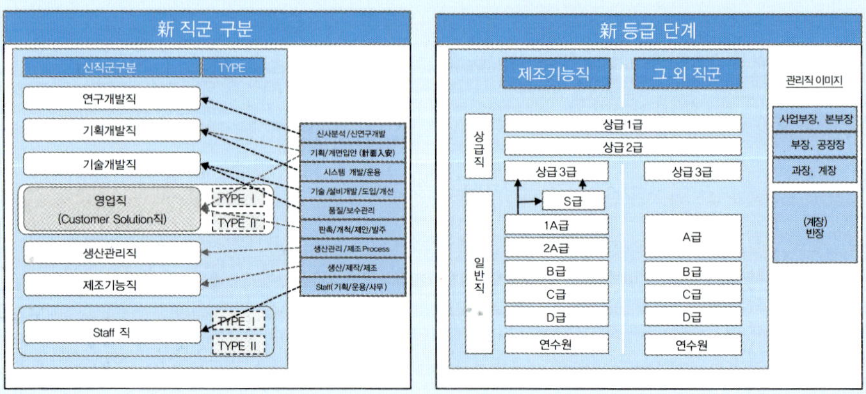

구체적으로는 새 직군을 재설계하는 동시에 새로운 등급단계를 설정하는 데에서 출발하였습니다. 회사의 핵심 기능을 바탕으로 새로운 직군을 재설계한 뒤 [제조기능직]과 [그 이외의 직군](연구개발, 기획개발, 기술개발, 영업, 생산관리, Staff) 등 두 종류의 등급 단계를 만들었습니다([그림 4-15]). 제조기능직은 고도의 제조 기능자를 처우하기 위해 복선적인 평가를 가능하게 함과 동시에 직무숙련요소의 중요성이라는 특성을 근거로 하여 등급 단계를 다양화하는 등의 연구를 진행하였습니다. 그 이외의 직군은 기본적인 역할 수준을 크게 묶은 밴드 형태로 역할과 성과에 근거하여 유연한 처우를 가능하게 했습니다.

등급 단계는 각 직군에 요구되는 일의 수행 정도, 즉 역할 수준에 근거하여 정의하고 있으므로, 반드시 조직상의 관리직 직책 수준이 등급과 상응하는 것은 아닙니다. 어디까지나 각 직군의 역할 수행 수준이 등급 단계이며, 거기에 조직상의 관리직이 부가되는 방식입니다.

각 직군의 역할(레벨)은 각각의 기본 기능에 대한 분석에서 기인하며, 각 직군별 주요 업무를 행동 프로세스 측면에서 분류·정리한 역할기술서에 의해 정의하고 있습니다. 역할기술서는 사업 부문별로 구체적인 착안점을 포함하고 있으며 이를 객관적으로 매년 한 차례 평가하여 등급을 설정하고 있습니다.

3) 보상제도

임금 제도 개선의 방향성은 다음과 같습니다.

[본래적 의미인 일(=현재의 역할·성과)에 대한 보수]라는 철학에 기반하여

① 각 등급의 수준이 기본이 되도록 한다.

② 월례 임금으로서의 안정성을 확보하고, 현재의 역할·성과를 보다

적절하게 반영한 임금 커브를 실현한다.

③ 제 수당의 개선도 포함하여 단순화를 유도한다.

④ 직군 특성(직무숙련·성과가 나타나는 방법)을 가미한 임금체계로 한다.

⑤ 배분도 운영하기 쉬운 것으로 한다.

이 중 임금 커브는 그동안에도 꾸준히 개선은 해왔으나, 결과적으로 연령과 함께 상승하는 우상향의 형태였습니다. 그것을 조기 승진이 가능하도록 하면서도 일정 연령·일정 등급 이상이 되었을 때, 역할·성과의 활용 정도가 크지 않으면 커브의 기울기가 완만하게 되는 형태로 하였습니다. 또한 역할등급을 기반으로 설계하여 등급 상승 시에 더 큰 인센티브가 주어지는 임금구조로 만들었습니다.

이에 따라 임금체계는 '역할숙련급(상급자는 역할기초급)'과 '역할성과급'을 주요 임금 요소로 하여, 두 가지를 동시에 적용시키는 형태로 하였습니다. 전자(역할숙련급 또는 역할기초급)는 월례 임금의 안정성을 확보하면서도, 역할과 성과를 반영시킬 목적으로 해마다 승급 고과결과를 반영하여, 누적 증가시키는 범위축적급으로서, 하락하는 경우가 없게 설계하였습니다. 한편, 후자(역할성과급)는 현재의 역할·성과를 즉각적으로 반영시키는 비누적급입니다. 따라서 만일 어떤 해에 낮은 평가를 받아도 이듬해에 열심히 하면 만회할 수 있는 구조입니다([그림 4-16]).

임금체계를 굳이 두 개의 항목으로 나눈 것은 [월례 임금으로서의 안정성을 확보하면서도 기대역할과 기대성과의 현재가치를 바탕으로 한 구조로 한다], [젊은층을 중심으로 한 하위등급에서는 안정적인 역할숙련급의 가중치를 높이도록 하되, 상위등급으로 올라갈수록 비누적급의 비중이 커지도록 설계하고 싶었다]라는 원칙 때문입니다.

덧붙여 여러 수당에 관해서는 가족수당과 주택수당 등을 폐지하고

[그림 4-16] 역할숙련급·역할기초급/역할성과급

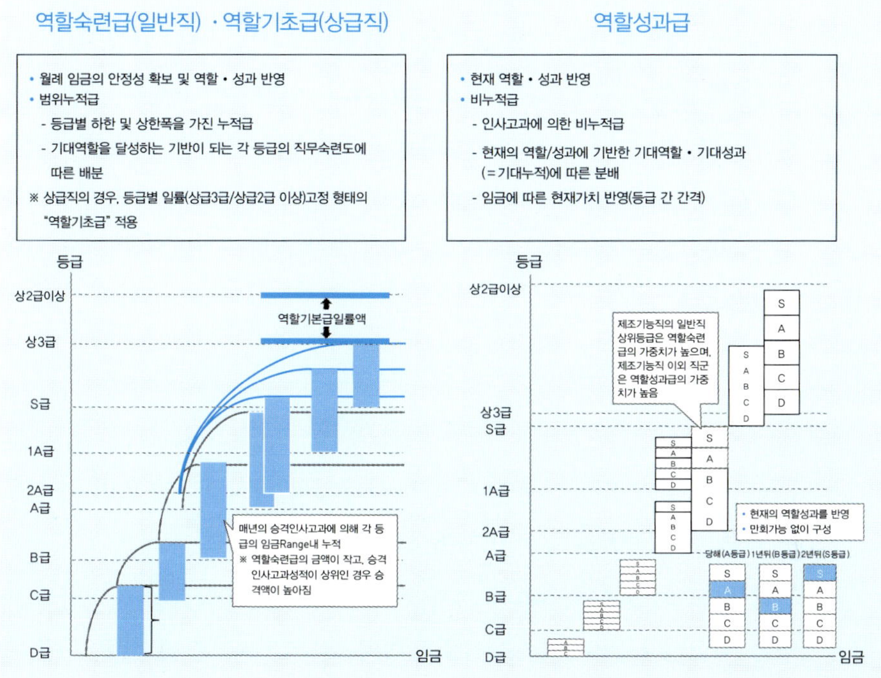

[차세대 육성, 간병지원수당](아이와 요양 간병인을 대상으로 한 수당) 등 기본임금을 보완하는 뜻에서 운영 필요성이 높은 것만 반영하여 수정하였습니다.

4) 평가제도

분기마다 종업원이 설정한 구체적인 업무 과제의 목표에 대해 달성도를 확인하는 [목표관리평가(목표 챌린지)제도]를 실시하며, 이것을 상여에 연계하고 있습니다.

최종적으로 개개인의 고과 결과를 피드백할 뿐만 아니라 기초, 중간,

기말에 상사와 부하직원 간의 지속적인 대화가 이루어질 수 있도록 하고 있습니다.

이러한 제도를 충실하게 실행하기 위해서 2004년 이후 평가 대상자에게 [목표설정연수]를 지속적으로 실시하고 있습니다. 단순히 숫자 목표뿐 아니라, 기말 시점에서 어떤 결과를 도출하면 좋은지, 그것을 기반으로 지표·수준을 어떻게 설정해 나가면 좋은지 등을 대상자에 연수하고 있습니다. 2008년부터는 관리직도 목표관리의 매니지먼트 연수를 시작하였습니다.

5) 변화관리

신 제도를 운영한 지 3년이 지난 후 종업원 의식조사를 보면 신 제도에 대한 이해는 점차 깊어지고 있다고 합니다.

제도 도입 전에는 역할과 성과에 대한 평가를 충실하게 운영하길 바라는 목소리나, 처우 면에서 임금 격차 확대나 배우자에 대한 모든 수당을 정리하는 것에 대한 우려가 있었습니다. 이러한 우려에 대해 노사 양측이 종업원에게 정중한 방식으로 취지나 목적을 비롯한 설명을 반복함과 동시에 계속적으로 역할제도 및 평가를 충실하게 운용함으로써 전체의 신뢰도가 향상되고 있습니다. 처우 면에서도 매년 임금 변경을 통해 월례 임금의 안정성이 확보되는 한편, 등급이나 고과가 오르면 인센티브를 얻을 수 있는 구조인 것에 대해 실감한다는 반응이 나오고 있습니다.

5. 사례: 일본 유니시스

일본 유니시스 주식회사는 2007년에 새 인사평가제도를 도입했습니다. 2003년에 이미 능력을 기반으로 한 제도를 탈피하여, 성과와 역할(직책)에 알맞은 처우의 실현을 목적으로 하고 개인의 단기적인 성과를 중시한 직무급 위주의 성과주의 인사제도로 전환하였습니다. 이번 개정은 제도의 운용 과정에서 발생한 과제를 해소하기 위해 이루어졌습니다.

1) 배경 및 필요성

[단기적인 성과를 과도하게 중시한 결과 직원들이 필요 이상으로 결과 업적을 강하게 의식함으로써 인재 육성 측면이 취약해지거나, 팀에서 업무 수행이 어렵게 되는 경우가 있었다. 또, 신규 졸업자 채용을 회피하고, 즉시 투입가능한 경력직 위주 채용으로 전환했지만, 이들이 입사 3년 이내에 퇴직하는 사례가 많아졌다. 원래 인사 이동이나 조직 개편이 많은 회사로서 단기적으로 직무 및 역할이 바뀌는 경우가 많아 역할급의 운용은 어려운 면이 있었다.

성과와 역할에 알맞은 처우의 실현이라는 제도의 취지에 대한 이해는 얻었다고 생각하지만, 실제 운용 측면에서 불공평한 요소들이 생기고 있는 것 또한 사실이었다. 또, 장기적 관점에서 회사를 지탱할 인재가 육성되지 않는 것 아니냐는 목소리도 적지 않았다.

제도 자체의 좋고 나쁨 이전에 당사에는 맞지 않는 부분이 많아, 중장기적으로 회사가 계속 성장하기 위해서는 방향 전환이 필요하다고 판단하여, 운용한 지 1년 반 정도 지난 상태였지만 개선에 착수했다](나카타니 마코토 인사부 인사기획실장).

새로운 제도에서는 중장기적인 관점에서 회사의 지속적인 성장을 지탱하는 인재를 아끼고 사원이 안심하고 일할 수 있는 환경을 제공하는 것을 기본 이념으로 하고 있습니다. 성과와 역할은 단기간에 변화하거나 외부 환경에 좌우될 수도 있기 때문에 이를 처우에 반영하기는 하나 제도의 중심으로 하지 않고, 대신 사람을 제도의 중심으로 설정하였습니다.

육성에 관한 방향도 소수의 엘리트 선발이 아니라, 전 사원의 활성화를 도모하는 것에 중점을 두도록 전환하였습니다. 그 때문에 신규 졸업자 채용에서 정년 퇴직까지 장기 고용을 전제로 처우·육성하는 체계로 변화하였고, 전문성과 기술력이 평가되는 구조를 받아들여 포스트 편중이 아니라 SE 등의 스페셜리스트도 적절하게 처우하는 구조로 개편하였습니다.

이렇게 만든 신제도는 능력(가치 창출력), 역할, 개인 실적의 3가지 관점에서 직원을 대우합니다.

능력(가치 창출력)은 [뛰어난 성과와 실적(가치)을 창출하기 위한 원동력이 되는 지식 및 스킬, 지향, 행동 등의 실천도]로서 이에 따라 Grade와 능력급(기본급의 일부)이 결정됩니다.

역할은 [담당한 직무와 직책의 크기·중요도와 수행도]로서 역할급(기본급의 일부)에 반영합니다.

그리고 개인 실적(개인 목표 달성도)은 상여에만 반영시키기로 하였습니다.

2) 직급 및 등급제도

Grade 체계는 담당하는 업무 내용과 기대되는 성과 수준 등에 의해

① 회사의 기간적인 업무를 담당하는 [전문직계]

② 각종 일반적 업무를 담당하는 [일반직계]

[그림 4-17] 전문직계의 Grade 체계

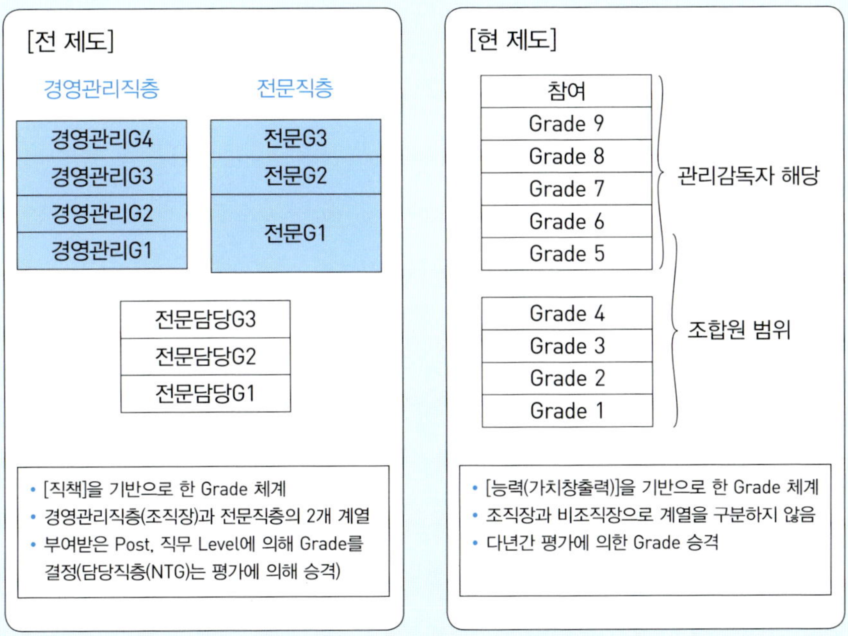

③ 간호사나 요리인 등 특정 지식·기능·자격을 가지는 [특무 직계] 등 3직계로 구분합니다.

이에 각 직계별 요구되는 능력을 바탕으로 복수의 Grade를 설정하였습니다. 전문직계의 Grade는 [능력(가치 창조력)]을 중심으로 Grade 1~9까지의 9단계([그림 4-17])로 설정하였습니다. 일반직은 2단계, 특무직은 3단계로 되어 있습니다.

덧붙여 전문직 Grade 9의 위에 위치하는 [참여]는, [지극히 높은 능력의 발휘에 의해 회사의 계속적인 성장에 기여하고, 회사의 상징적 존재로서 사내 외에 널리 인지되는 사람]을 의미합니다.

3) 보상제도

신 제도에 의한 전문직의 임금은 Grade 1과 2에 대해서는 근속연수에 대응시킨 것만을 [기본급]으로 삼되, Grade 3부터는 능력급과 역할급을 추가하여 [기본급]이라 칭하고 있습니다. Grade 4 이하에는 시간외수당에 더해 가족수당과 지역별로 설정된 주거비, 보조생활 관련 수당이 지급되지만 Grade 5 이상은 일정액이 기본급에 포함되어 있으며 직책이나 자격에 따른 별도의 수당은 없습니다.

일본 유니시스의 보상제도 특징은 다음과 같습니다.

첫째, Grade 승격의 운용에 대해서 30세 전후까지는 큰 차이를 두지 않기로 했습니다. [65세까지의 장기 고용을 상정한 경우 30세까지는 큰 차등을 두는 기간이 아닌 모두를 일정 수준까지 육성하는 기간으로 파악하고 있습니다. 구 제도에서는 적극적인 조기 선발을 시행했지만 맨 위까지 도달해 버린 사람은 동기를 유발하기 힘든 현상도 있어 차차 승격하도록 바꾸었습니다. 또한 제도 변경에 따라 승격이 늦게 시행된 것에 대한 불만도 있었기에 2년의 경과 조치를 마련하고 전환을 진행하였습니다.

둘째, 능력급은 35세 정도까지는 생계를 위한 소득이 되도록 하였습니다. 이를 기본급과 관련시켜 보면 Grade 1의 기본급은 나이에 따라 일률 정액 구조로 구성되어 있습니다. 이 때문에 동기 입사의 대졸 사원의 기본급은 입사 3년간 같은 액수입니다. 그 후 대졸 4년째에서 전원이 Grade 2로 승격하면 능력을 S~D까지 평가하고, 그 결과를 승급액에 반영시킵니다. 예를 들어, S평가를 받으면 기본급의 5%가 가산되지만 C평가의 경우 2%밖에 가산되지 않는 등의 방식입니다. 이 사이는 [기초 능력의 습득 기간]이라 칭하고, 이때는 극단적으로 기본급 격차가 벌어지지 않도록 설계되어 있습니다.

[그림 4-18] Grade 승격의 운용

- 30세 전후까지는 큰 차이를 두지 않음
- 극단적인 조기선발은 발생하지 않음
- 강격 및 승급은 실시하지 않음

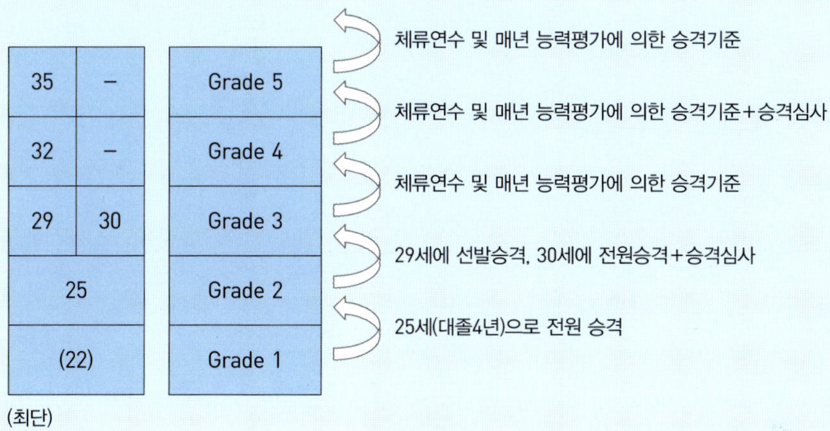

Grade 3은 선발에 의해 전체의 2, 3할이 29세에서 승격해 30세로 모두 올라가는 구조로써, 이곳에서 처음으로 1년의 차이가 생기게 됩니다([그림 4-18]).

Grade 3 이상의 기본급 구조 중 능력급 부분의 경우, 35세 정도까지는 생계비 곡선을 의식하여 설계하고 있습니다. 평가 제도에서 능력을 S~D로 평가하여 가산 포인트를 정하고, [1포인트 OOOO엔의 단가×자신의 평가 포인트]가 추가됩니다. 예를 들어, S평가를 받으면 [취득 포인트×OOOO엔]이 능력급에 추가되지만, C평가인 경우 [0 포인트로 가산이 없다]는 방식입니다.

셋째, 역할급은 역할 수준과 수행도에 따라 폭이 넓게 구성됩니다. 역할급은 Grade 3 이상의 공통 급여 테이블로서, 자기 역할급에 역할 수행도 평가에 근거한 $\pm\alpha\%$의 승급률을 곱해 증감됩니다.

[그림 4-19] Grade 능력급, 역할급의 범위

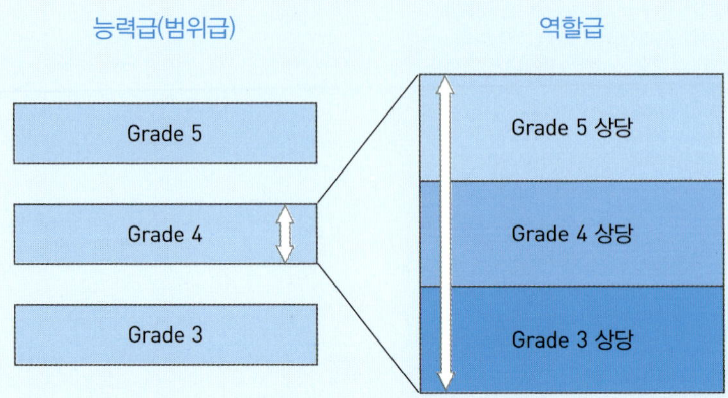

[사실 모두가 본인의 Grade에 상당하는 역할을 수행하는 것은 아니다. 젊은데도 우수한 사원은 상위 Grade에 상응하는 역할을 담당하고 있는 경우도 있고, 반대로 Grade는 높아도 아래 Grade에 해당하는 역할밖에 기대할 수 없는 사원도 있다. 이런 경우에 대응하기 위해, 기본급의 절반은 능력급으로써 각 Grade별 범위급으로 하지만, 남은 절반은 Grade별 변동이 가능한 역할급으로 한다.]

[그림 4-19]에서 볼 수 있듯이 Grade 4의 사원의 능력급은 Grade 4의 범위 안에서밖에 오르지 않지만, 역할급은 Grade 3~5상당에까지 움직일 가능성이 있다는 것입니다.

넷째, 연령에 따른 생활 설계를 배려한 급여 곡선을 만듭니다. 그렇게 만들어진 임금 커브의 이미지는 [그림 4-20]과 같습니다. 35세 정도까지는 능력급의 비율을 높임으로써 결혼과 아이의 양육 등 연령에 따른 생활 설계를 배려하고, 그 이후는 역할급의 비중을 높여 역할과 성과에 따라 변동폭이 커지는 형태입니다. 하지만, 일단 상향된 Grade는 강등되지 않기 때문에, 급여수준이 한꺼번에 변동하지 않는 구조로 되어 있

[그림 4-20] 급여제도–기본급(역할급과 능력급)의 이미지

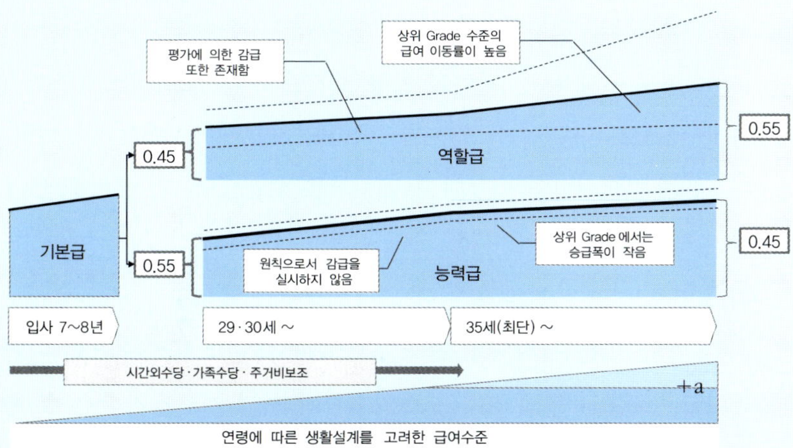

습니다. [그림 4-20]의 점선은 이론적으로 발생할 수 있는 급여폭의 이미지를 나타내고 있습니다.

4) 평가제도

일본 유니시스의 평가제도는 중장기적 관점에서 보는 [능력 평가]와 [역할 수행도 평가], 이에 더해 단기적인 관점을 반영시키는 [실적 평가]의 3가지 요소로 이루어집니다.

[능력 평가]는 10개 항목(① 마인드, ② 문제발견 · 분석, ③ 창조 · 기획, ④ 의사결정, ⑤ 업무 수행, ⑥ 스케줄 관리, ⑦ 정보 수집 · 발신, ⑧ 대인 대응 · 조정, ⑨ 리더십, Followership, ⑩ 육성) 각각의 실천 정도를 평가하고 능력급 부분에 반영하도록 합니다. 각 Grade별로 10항목 각각의 정의가 명문화되어 있으며, 그것을 항목마다 0~2의 3단계로 절대평가합니다. 이 점수의 합계가 1차적으로 평가되고, 이를 부문 내에서 상대 조정하여

S~D평가에서 최종 평가를 결정합니다. 덧붙여 Grade에 따라 중요도가 높은 항목들을 정해 놓고 그 항목은 두 배 가중치를 줍니다.

[역할 수행도 평가]는 담당하고 있는 역할(직무와 직책)의 크기와 중요도, 수행도에 대해 ① 책임과 영향, ② 고객, ③ 프로세스, ④ 학습의 4가지 시점으로 평가하는 것으로, 역할급 부분에 반영합니다. 역할 레벨은 Grade별로 4가지 시점과 등급별 정의되었으며, 각각의 레벨 포인트와 수행도 포인트를 합산한 것이 평가점수가 됩니다. 또한 책임과 영향의 포인트는 다른 관점의 두 배 가중치로 계산합니다.

[실적 평가]는 상사와의 연초 면담에서 설정한 개인 목표를 기반으로 합니다. 역할 수행도 평가와 같이 4가지 시점으로 평가하고 그 결과를 상여에 반영시킵니다. 실적 평가는 과정이 아니라 최종 결과만을 평가 대상으로 한다는 점에서 다른 평가와는 다릅니다.

[능력 평가]와 [역할수행도평가]는 기본급이나 Grade 승격과 같은 계속적인 처우에 반영하지만 [업적 평가]는 매회의 상여로 반영한 뒤 청산하는 구조입니다. 즉, 상여의 지급률은 그룹의 업적에 의해 결정되는 업적연동방식을 채택하고 있습니다

5) 변화관리

유니시스의 인사팀에서는 향후 과제에 대해 [단기간에 제도가 달라졌기 때문에, 신 제도의 이해 촉진과 변화관리 활동의 계속이 필요하다. 또, 평가제도가 다소 복잡해서, 올바르게 기능하고 있는지에 대한 확인도 빼놓을 수 없다. 각 평가의 관련성과 상사에 의한 평가의 불일치 유무 등 운용을 보고 정밀 조사해 나가야 한다]고 밝히고 있었습니다.

6. 사례: 라쿠텐(樂天)

1) 배경 및 필요성

일본 인터넷 서비스 기업인 라쿠텐 주식회사는 1997년 2월에 전신인 주식회사 MDM을 설립하고 같은 해 5월에 인터넷 쇼핑몰 [樂天市場]을 개설했습니다. 2000년에는 JASDAQ에 상장한 후 십여 년 간 모든 서비스를 넷상에서 원스톱으로 이용할 수 있는 [樂天經濟圈(라쿠텐경제권)]의 확립을 목표로 하여 다양한 회사를 흡수합병하면서 여행, 증권, 카드, 은행업 등으로 사업영역을 넓히고 있습니다.

이처럼 젊은 회사의 임금 항목은 원래 전기 월급 대비 $\pm\alpha$%로 승급하거나, 강급하는 [기준급]과 최근의 성과만을 중시하는 [업적급]으로 구성되어 있었습니다. 그 평가 방법은 신입사원에서 본부장까지 모든 계층의 직원을 일률적인 모집단으로 두고 상대 평가하는 것이었습니다.

이에 내부적으로는 [기준급은 근속연수와 함께 상승하기 때문에 직원들에게 수용성이 낮고, 매년 승급이 전제되기 때문에 업적과 연동한 인건비총액을 관리할 수 없었다. 또한 성과에는 결과 이외의, 프로세스에 대한 평가가 반영되기 어려웠다. 이 때문에 직원들의 마인드는 눈앞의 성과를 좇는 데에만 급급하여 목적을 달성하기 위해 자칫 수단을 가리지 않는 경향마저 있었다. 그리고 상대 평가를 모든 직원 일률적으로 적용해 버림으로 인한 문제도 안고 있었다(三枝吏·인사부 인사과장, 이하 동일)]. 이러한 부조리로 인해 2006년 7월 인사제도 개혁의 방향을 바꾸기로 했습니다.

2) 직급 및 등급제도

라쿠텐 인사제도 개혁의 특징은 아래와 같았습니다.

첫째, 성장 기업에서의 특징을 반영하도록 했습니다. 성장 기업의 인사 정책의 특징으로서 [직원의 조기 육성 및 승격·퇴출 관리, 비용 구조의 유지를 바탕으로 한 10~15년을 내다 본 인재 유지를 전제로 인사 시책을 고려하도록 한다]고 목표를 세운 뒤, 당시 성과주의 인사제도의 문제점을 정리했습니다. ['직무급' 자체에 대해 부정은 하지 않으나 직무의 변화가 심한 성장 기업에서 유연성에 제약이 있는 직무급으로서는 모든 이슈에 대응을 할 수는 없다]고 판단했습니다.

아울러 직원 의식 조사에서 [라쿠텐의 일원임을 자랑스럽게 생각한다]는 사람은 다수인데 [지인·친구에게 권하고 싶다]라고 생각하는 사람은 그보다 적었다는 점에 주목했습니다. 이 차이를 의식하여 임원들은 점심 모임에서 직원 개개인의 생각을 파악해 [우리 직원은 라쿠텐이라는 성장 기업에서 자신도 성장하여 일류가 되고 싶다고 생각하고 있다]고 결론 지었습니다.

둘째, 회사의 새로운 인사제도 도입까지의 일정은 매우 짧았습니다. 진단을 하고 난 이후 운영까지의 기간은 6개월에 불과했습니다. 2006년 7월에 새로운 제도의 방안에 대해 사내 합의를 얻고나서 제도에 관한 검토와 토의, 설명 등을 거듭해 이듬해 1월에는 이미 운용에 착수했습니다. 라쿠텐은 무조합 기업이었습니다. 진단단계에서 파악한 의식 조사와 공청회 경영진이 [면착(面着)](얼굴을 맞대고 대화한다는 뜻의 라쿠텐만의 용어)을 하며 생각을 들으면서, 직원의 의견이나 요구를 수용했습니다.

셋째, 자발적으로 행동하는 직원의 육성을 강조했습니다. 제도 변경 시에는 [자발적으로 행동하는 직원의 육성]을 지향점으로 내걸었을 뿐

[그림 4-21] 직급제도의 도입

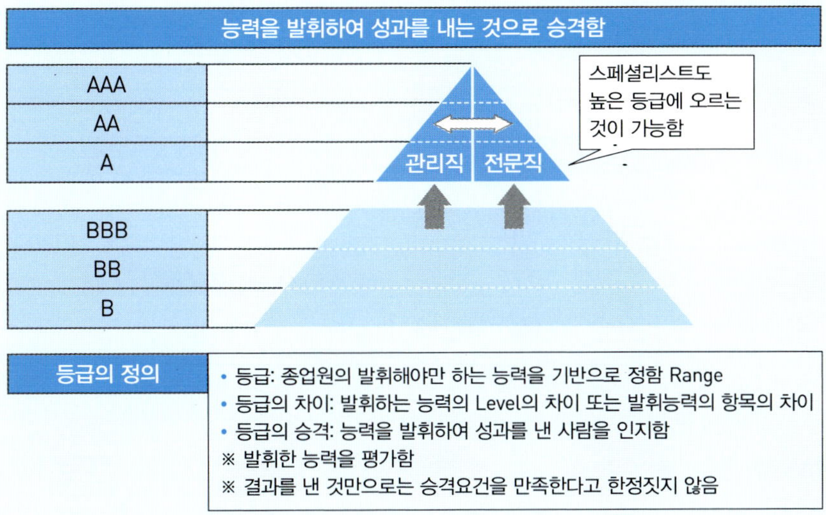

아니라, ① 발휘 능력과 성과에 대해 공정한 보상을 실시한다, ② 스스로 배우고 성장하는 장을 제공한다, ③ 인재의 최적 배치를 실현한다는 것을 목적으로 하였습니다.

이를 기반으로 한 새로운 등급제도의 모습은 아래와 같았습니다.

B에서 BBB까지가 일반층, A에서AAA까지가 관리직층이지만, 직원의 3분의 1이 엔지니어이므로 전문가도 관리직과 동등한 처우가 가능하도록 A직급은 복선형으로 설계하였습니다.

또한 라쿠텐에서는 사업 단위(BU)의 규모에 큰 차이가 있어 1,000명 단위의 사업 부문이 있는가 하면 수십 명이 있는 부문도 존재했습니다. 이 때문에 같은 등급에서도 직책이 다르도록 디자인하였습니다. 예를 들어, 1,000명의 BU에서 일하는 과장급 리더가 수십 명의 BU를 거느리는 사업장과 같은 등급이 될 수도 있도록 하였습니다.

[그림 4-22] 계획적인 인사이동

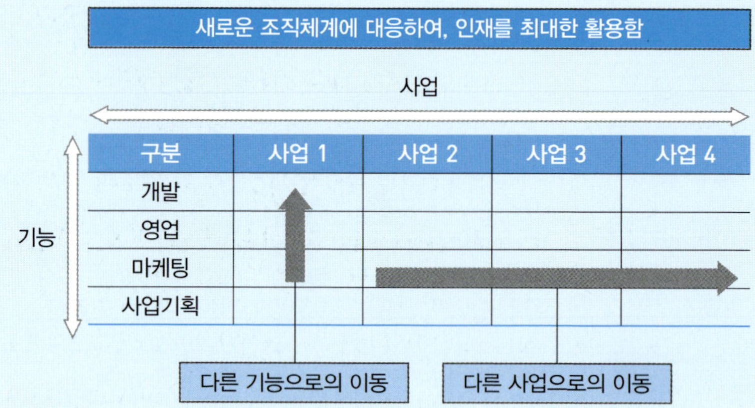

이러한 연구를 거듭하여 다른 사업 부문이나 기능에 위아래, 수평으로의 이동을 쉽게 하기 위한 적재적소의 인재 배치가 가능하도록 하였습니다.

3) 보상제도

[승격은 기대되는 발휘 능력이 오르는 것을 의미하기 때문에 보상은 겹치지 않는다]는 생각에서 비롯하여 등급에는 각 범위의 중복을 두지 않기로 했습니다. 따라서 직원의 등급을 결정할 때 개개인의 현재 능력에 부합하는 순위로 새로운 등급을 부여했습니다. 예를 들어, [A 직급 수준의 보수를 받고 있지만 사실은 BBB의 능력밖에 갖고 있지 않은 사람이 있었다. 그 경우는 BBB 직급에 붙잡아 두고, 차액분은 조정급으로 지급했다. 그러나 유예기간은 1년이므로 '조정 월급은 능력부족분의 수당이기 때문에 승격하지 않으면 그 부분은 없어지게 된다'는 것을 철저히 주지시켰다. 게다가 조정급 자체도 평가를 거칠 때마다 점차 줄여 나

가도록 했다]고 합니다.

일을 진행시키는 가운데 일부 상충될 수 있다고 해도 결론적으로는 라쿠텐 그룹 전체의 이익을 극대화하는 것이 목적이 되어야 하므로 결론적으로는 그룹 구성원 모두가 하나라는 것을 깨달아야 했습니다. 그래서 상여를 계산하는 데 있어 개인의 업적, 부문의 실적뿐만 아니라, 전사 실적의 계수도 곱하는 것으로 하였습니다.

덧붙여서, 업적급과 업적상여에 제로 리셋의 비누적방식과 상대 평가를 적용하였습니다. 그 이유는 '열심히 일하는 것은 당연한 것이다. 열심히 한 것에 더하여 잘하고 못한 것에도 우열이 또 있음을 명확히 하고 싶었기 때문'이라고 합니다.

즉, 라쿠텐에서의 처우는 단기적인 성과가 업적급과 성과상여에 반영되도록 하지만, 장기적으로는 등급이 오르지 않으면 장기적인 수입증가로는 연결되지 않도록 되어 있습니다. 따라서 회사 전체의 업적 향상을 염두에 두고 단기 성과를 추구하면서도 동시에 가치관과 프로세스를 의식하고 행동하여 장기적인 업적도 누적되는 구조로 되어 있습니다.

현장에서는 [먼저 경력직 채용자의 등급 기준이 명확하게 되었다. 기존에는 다양한 회사에서 중간 입사해 온 사람의 급여수준이 다 달라서 사내에서도 제각각이었지만, 지금은 테이블을 기반으로 통일된 기준으로 결정된다. 이 결과, 직원의 형평성에 대한 불만도 줄어들고, 무엇을 가지고 평가되는지 명확하게 알 수 있어 능력 신장에 대한 관심도 높아지고 있다]고 합니다.

또한 평가와 보상을 가시화하여 총인건비를 관리하기 쉬워졌습니다.

4) 평가제도

평가제도에서의 가장 큰 특징은, 첫째로 프로세스 평가를 추가했다는 것입니다. 이러한 시스템하에서 보상은 성과와 그것을 실현하기 위해 발휘한 능력을 바탕으로 결정하는 [성과능력주의]를 채택했습니다.

행동(태도)과 성과(결과)에 프로세스(과정)를 더한 3요소를 평가 항목으로 하여, 그 결과를 바탕으로 매달 월급과 상여금의 보상을 결정하고 있습니다.

각 등급 범위의 기준급은 고정하되 그 위에 업적급을 6개월마다 비누적급으로 반영하게 됩니다. [행동]과 [프로세스]에서 발휘된 능력을 평가하여 등급과 승격(기준급)에 반영시키고, [성과]는 비누적 방식의 업적급과 상여에 반영시킵니다.

프로세스 평가를 신설한 것은 평가기준과 바람직한 행동사례 등 역량을 명시하여 평가자의 주관에 의한 차이를 줄이고, 효율적인 인재육성으로 연결시키고자 하는 것이 목적입니다. 프로세스 평가의 행동사례는 [충분하지 않다], [바람직하다], [넘치도록 하였다]의 3사례를 명기하여 달성해야 하는 '스트라이크 존'을 알 수 있도록 고안되어 있습니다.

둘째, 목표관리제도를 이용해 3단계로 평가하도록 하였습니다. 평가는 목표관리제도를 이용하여 본인과 상사가 결과, 과정, 태도 3요소로 평가합니다.

목표 관리에 따른 면담은 ① 목표설정, ② 뒤돌아보기, ③ 평가 피드백의 세 종류로 구성되어 있습니다. 반년에 최소 두 번은 면담을 하도록 되어 있고, 그 과정은 모두 시스템화되어 인사 부서가 모니터링하고 있습니다. 성과 평가는 먼저 본인이 [1~5의 5단계]로 자신을 절대평가하고, 이후에 상사가 −2~6의 9단계로 상대평가합니다(전사평균을 2로 조정한다). 프로세스 평가 및 행동 평가는 본인과 상사가 각각 3단계(과정 평가의 일부만 4단계)로 절대평가합니다.

셋째, 4차에 걸친 평가로 결과가 편중되지 않도록 하였습니다. 평가 과정에서 편향이 없도록 복수의 평가자가 참가하는 것도 특징입니다.

[그림 4-23] 평가와 보수의 고려사항

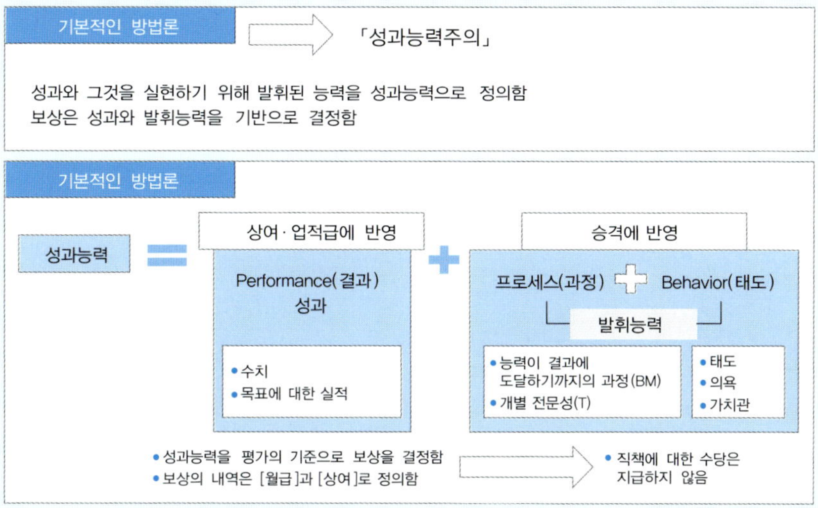

또한 피평가자 자신의 평가에서 시작하여 1차 평가자(팀 단위), 2차 평가자(팀 단위), 3차 평가자(사업·부 단위), 4차 평가자(BU 단위)를 거쳐 보수 등에 반영되는 최종 평가 결과가 도출됩니다. 평가 기간은 4~9월과 한 10~3월 연 두 번의 사이클로 실시하고, 이것이 12월과 6월의 업적급 검토와 업적상여 지급에 반영됩니다.

5) 변화관리

향후 과제에 대해서는 [프로세스 평가는 본질을 강하게 하기 위해 중요하지만 평가 항목이 너무 상세하고 결과 데이터 입력도 번잡하여 개선이 필요하다. 평가자에게도 힘든 작업이므로 시간이 경과함에 따라 새로운 인사제도 본래의 취지가 바래지 않도록 설명회 및 교육 등의 지속적인 보완이 필수적이다]라고 지적하고 있었습니다.

05

한국의 역할급 도입 움직임

1. A사

1) 배경 및 필요성

A사는 2014년 3월부터 시행하는 임금피크제를 3~5년간 운용하면서, 직책과 생산성에 따라 임금을 지급하는 '직무·역할급' 임금체계를 도입할 예정이라고 합니다.

[그림 5-1] 임금피크제로 정년 연장시 인력구조의 변화

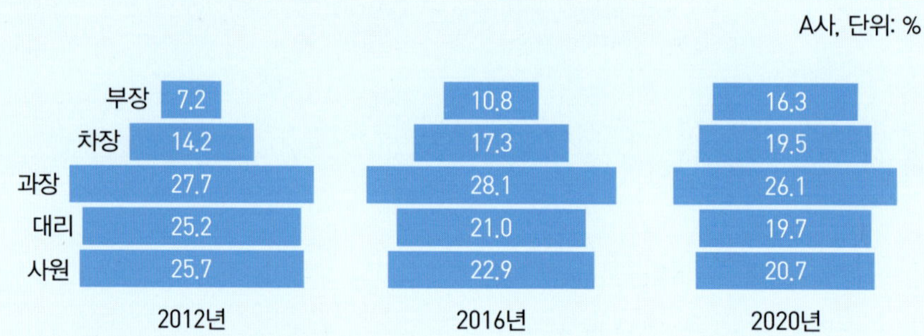

※ 신규 채용을 현 수준에서 유지할 경우

출처: 이지만 연세대 교수

A사 관계자에 따르면 [시간을 두고 새로운 임금체계를 만들어 적용할 계획]이며, [직무와 역할에 따라 임금을 다르게 지급하는 체계로 개편을 추진하고 있다. 2011년부터 일부 계열사의 직책을 단순화해 시범운영한 결과 큰 무리가 없는 것으로 확인됐다]고 하였습니다.

2014년 당시 A사는 근속연수에 따라 매년 일정액씩 오르는 연공성 색채가 가미된 성과연봉제를 시행하고 있었습니다.

A사가 추진 중인 직무·역할급은 연공성(근속연수) 대신 직책에 따라

[그림 5-2] A사의 임금체계 변화 방향성

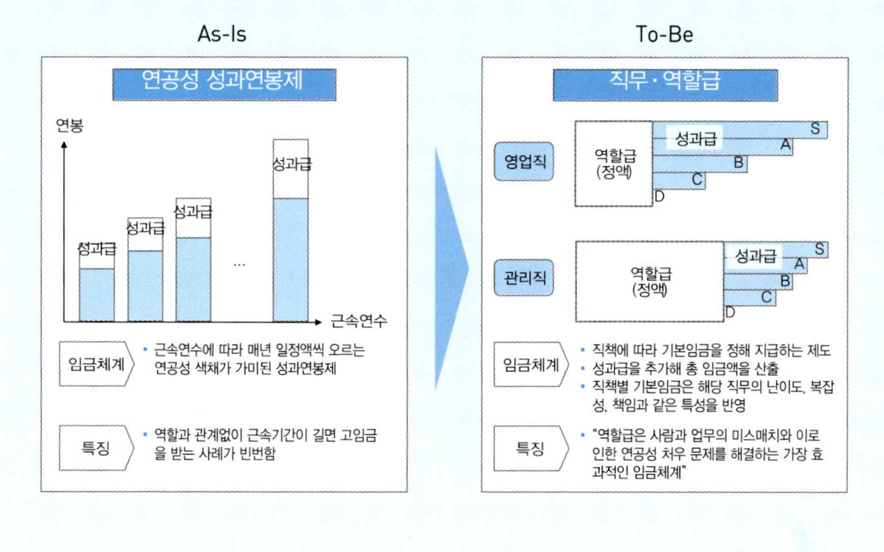

기본임금을 정해 지급하는 제도입니다. 여기에 성과급을 추가해 총임금액을 산출합니다. 각 직책별 기본임금은 해당 직무의 난이도, 복잡성, 책임의 크기와 같은 특성을 따져 결정됩니다. 이렇게 되면 역할과 관계없이 근속기간이 길다고 하여 무조건 고임금을 받는 사례가 사라지게 되는 것입니다.

2) 직급 및 등급제도

여러 단계로 복잡하게 나눠진 직급은 단순화하였습니다. 당시 사원 1~3, 대리, 과장, 차장, 부장 등 7단계 직급은 3~4개 직급으로 통·폐합됩니다.

[그림 5-3] 직무·역할급 도입 후 직책 단순화

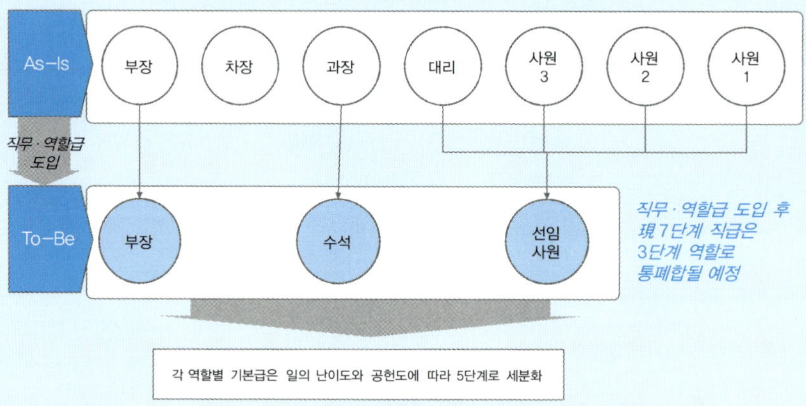

3) 보상제도

각 직급별로 기본급은 일의 난이도와 공헌도에 따라 5단계로 세분화되었습니다. 예를 들어 같은 과장이라도 업무 강도가 높고, 성과를 많이 내는 과장은 상대적으로 높은 단계의 임금기준을 적용받게 됩니다.

부장으로 일하다 역할 수행능력이 떨어지면 과장이나 사원으로 내려갈 수도 있습니다. 이 경우 기본급도 떨어집니다. 생산성이 저하되는 50대 후반 고령자의 경우 30대 과장보다 임금이 적을 수 있습니다. 물론 부장으로서 역할을 50세가 넘어서도 수행하면 임금은 부장 직급 수준에 맞춰 많이 받게 됩니다.

[역할급을 활용하면 생산성이 줄어도 회사에서 계속 일할 수 있어 근로자에겐 종신고용을 실현할 수 있는 수단이 된다. 근로자 총액 임금도 급격하게 늘지 않아 경영상 부담을 덜어줘 고령화 사회에 적합하다]는 취지대로 운영하고자 하는 복안입니다.

A사 관계자는 [역할급이 도입되면 정년이 65세로 더 연장되더라도 큰 무리 없이 고용을 보장할 수 있을 것]이라고 한 바 있습니다.

A사가 임금체계 개편을 서두르는 이유는 임금피크제가 여러 문제를 안고 있기 때문입니다. 임금피크제는 정년에 가까운 부장의 임금을 일률적으로 깎기 때문에 과장보다 적은 임금을 받을 수 있습니다. 부장으로서의 업무강도와 난이도, 책임은 배제된 채 부장 대접을 못 받는 사태가 생기는 셈입니다.

2. B사

1) 배경 및 필요성

2000년대 후반, 건설업이 호황기일 때 외부인력을 영입하는 경우 동일직급 기준으로 연봉을 1,000~2,000만원 올려서 영입해야만 하는 경우가 많았습니다. 이때 내부 인력들과의 형평성이 무너지면서 실제 외부 영입인력의 역할수준에 근거하여 보상 수준을 조정해야 할 필요성이 B사 내부적으로 대두되었습니다.

이러한 외부적인 요인뿐만 아니라, 당시 운영하고 있던 인사제도 전반적으로 개선해야 될 부분들이 많았습니다. 직급체계의 경우, 7단계 직급체계로 구성되어 승진단계가 많고 단계별 승진 임금인상폭이 큰데다 승진이 적체되고 있어, 직원들이 승진에 대해 가지는 부담이 매우 큰 것이 주요한 문제였습니다.

또한 운영상으로도 승진 시 최근 2년간의 평가결과를 활용토록 함으로써 승진대상이 되는 시점 2년 동안 평가결과가 좋게 나타나다가 승진 후 결과가 나빠지는 평가 패턴이 반복되고 있는 것이 문제였습니다.

여기에 국내 경쟁사들이 글로벌 E&C(Engineering & Construction)업체로 성장하기 위하여 호봉제를 폐지하고 밴드형 기본급을 도입하거나, MBO(목표관리) 성과관리체계를 운영하는 등 다양한 인사제도 개선을 실시하고 있었다는 점도 B사가 새로운 인사제도를 도입하게 된 중요한 계기가 되었습니다.

2) 직급 및 등급제도

B사는 역할/성과중심으로 HR전략을 설정하였습니다.

이에 따라 실제 구현되는 역할 수준에 맞추어 연공형 7단계 직급을 4단계 직급체계로 변경하였습니다. 덧붙여 영문호칭으로 그룹사 호칭체계를 사용함으로써 그룹사와의 아이덴티티를 유지하였습니다.

직급을 단순화함으로써 특정 직급의 승진적체를 해소할 수 있었으며, 직급 내 호칭의 경우, 체류연한을 충족할 경우 자동 상승시켜 직원의 호칭상승에 대한 욕구를 충족시켰습니다.

P3에서 P4로의 승진은 직책보임으로 운영하도록 변경하였으며, 장기

[그림 5-4] 직급체계 개편안

기존 직급체계

직급(=호칭)	영문명
이사보	Assistant to VP
부장	General Manager
차장	Deputy GM
과장	Section Manager
대리	Assistant Manager
기사	Engineer
사원	Engineer

직급체계 개편안

직급	호칭	역할	영문명
P4	직책명, 이사보	직책보임자	Director
P3	부장	직책후보, 코디네이터	Sr. Manager
	차장		
P2	과장	실무전문가	Manager
	대리		
P1	기사	신입/보조	Associate
	사원		

[그림 5-5] 직급체계 개편안

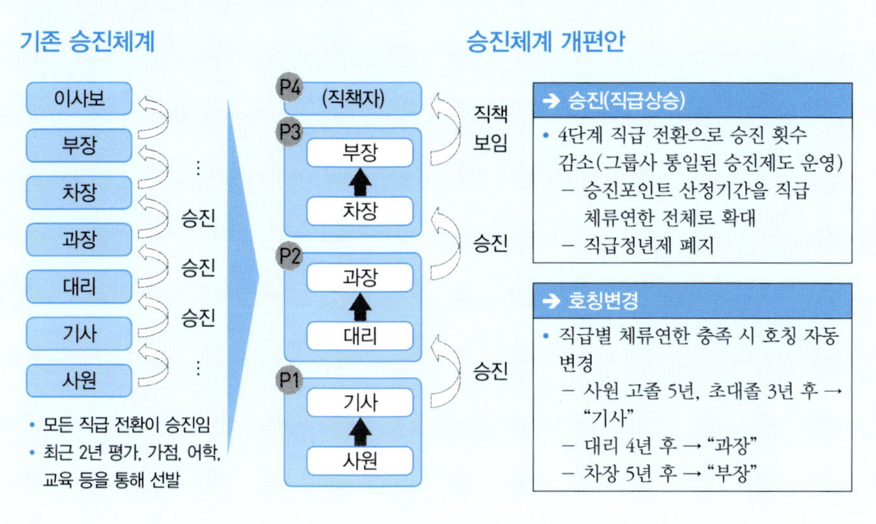

적으로는 이사보를 폐지함으로써 역할에 따른 직급체계가 운영될 수 있도록 설계하였습니다.

3) 보상제도

앞서 언급된 바와 같이 B사의 HR전략은 장기적으로는 직무/성과중심을 지향하되, 우선 역할/성과중심으로 설정되었습니다. 이를 위해 보상제도 차원에서는 역할급 도입과 성과에 따른 차등화를 위한 제도가 도입되었습니다.

4단계 역할체계와 MBO 평가방식을 도입하고, 직급을 통합하게 됨에 따라 확보된 기존 승진 임금인상 재원을 성과에 따른 차등인상 재원으로 활용하는 것을 골자로, 성과에 따라 승진과 보상체계가 움직일 수 있도록 설계하였습니다.

(1) 기본급 결정: 역할등급 급여밴드

[그림 5-6]에서 보듯이, 기존 7단계의 보상 테이블이 역할에 따른 4단계 급여밴드로 통합된 기본급 개편의 가장 큰 특징은 단일값들이 모인 경직적인 보상 테이블에서 구간 내 유연한 보상운영이 가능한 급여밴드로 바뀌게 된 부분입니다. 따라서 역할에 따라 역할구간(급여밴드로 전환) 내에서 기본급 수준이 탄력적으로 결정될 수 있게 됩니다.

또한 직책자의 역할과 책임을 강화하기 위해 최고 등급인 P4 단계의 경우, 직책 해임 시 P3 단계로 강등될 수 있도록 하였습니다.

직급 내 기본급을 밴드 형태로 설정함에 따라 동일한 역할등급 내에서 성과에 따른 보상차별화가 가능해졌으며, 핵심인재의 경쟁사 유출 방지는 물론, 외부인재 영입 시 역할 수준에 따라 보상수준을 결정할 수 있게 되었습니다.

[그림 5-6] 임금체계 개편안(기본급)

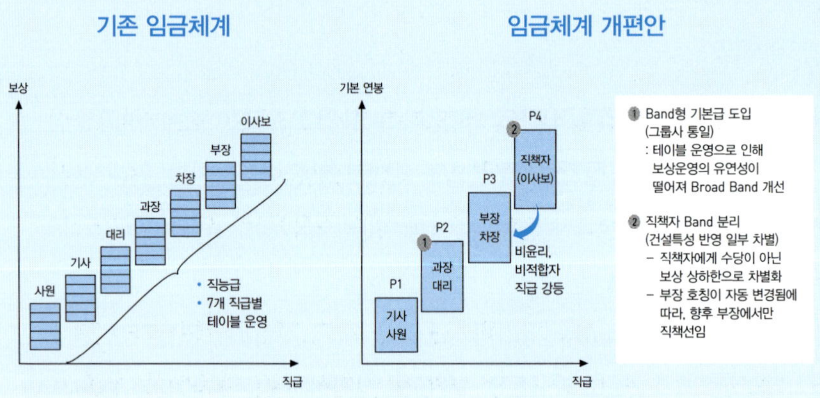

(2) 기본급 인상: Merit Increase, 차등폭 완화

기본급은 평가결과에 따라 인상폭이 차등 반영되는 Merit Increase방식을 활용하되, 〈표 5-1〉에서 보듯이, 업적과 역량평가를 함께 반영하도록 변경 설정하였습니다.

〈표 5-1〉 임금체계 인상방안 개편안

구분	기존안	개편안
기본급	업적평가로 인상폭이 결정 (S-A-B-C-D, 5등급)	업적평가와 역량평가 함께 반영 (업적 60%+역량 40%)

새로운 제도가 성과 중심의 HR전략을 따른다고 해서 무조건적으로 차등만 강조한 것은 아닙니다. 오히려 일정 부분 직원의 생활안정성을 고려하여 누적식으로 반영되던 기본급 차등을 다소 완화하여, 기존에 비해 최고등급과 중간등급간 인상폭의 차이를 축소하는 방식을 채택하기도 하였습니다.

또한 평가등급 부여시 C등급 비율을 기존보다 축소하고, B등급 이상 인원을 확대하였으며, 과거 전체에 2%로 강제되었던 D등급을 1%로 축소함에 따라 기존 임금체계에서 임금이 감소되거나 동결되는 직원의 수

〈표 5-2〉 기본급 인상률 개편안

As-Is 기본급 인상률

업적 / 직급	S +3 등급	A +2 등급	B +1 등급	C 유지	D -3 등급
차장 이상	+3a%	+2a%	+a%	0%	-3a%
과장 이하	+3b%	+2b%	+b%	0%	-3b%

차등완화

To-Be 기본급 인상률

업적+역량 / 직급	S	A	B	C	D
P3 ~ P4 (차장 이상)	X+4%	X+2%	X %	0%	-(X+4)%
P1 ~ P2 (과장 이하)	Y+2%	Y+1%	Y %	0%	-(Y+2)%

를 축소하였습니다.

덧붙여 직급 통합으로 없어진 승진 인상분을 기본급 인상률에 반영하여 인상률을 증가시킴으로써 기본급 항목 전반적으로 구성원들로 하여금 제도가 '개선'되었다고 느끼게 할 수 있는 부분들을 많이 담아 놓았습니다.

(3) 인센티브: 경영성과급, 성과 차등폭 확대

단, 기본급과는 달리 경영성과급은 성과에 따른 보상 차별화를 위하여 성과급 지급률 차등폭을 〈표 5-3〉에서처럼 확대하였습니다. 기존과 비교하자면 결과적으로는 최고 등급을 받을 경우, 보통 등급에 비해 총 보상 인상폭이 확대되는 방향으로 설계하였습니다.

살펴본 바와 같은 역할중심의 HR제도로의 변화는 그리 쉬운 것은 아닙니다. 제도에 대한 내용을 구성원들이 쉽게 이해할 수 있도록 HR부서에서 직원 설명회를 수차례 개최하였으며, 그에 대한 종업원 동의 절차 또한 진행하였습니다. 그리고 제도별 운영상의 순서와 시기를 고려하여 단계별 추진계획을 수립함으로써 안정적으로 제도가 자리잡을 수 있도록 노력하였습니다.

〈표 5-3〉 성과급 지급률 개편안

구분	As-Is 경영성과급 지급률				
	S	A	B	C	D
차장 이상	기준 +4%	기준 +2%	기준%	기준 −2%	기준 −4%
과장 이하	1.18 ×C%	1.09 ×C%	C%	0.9 ×C%	0.8 ×C%

차등강화

구분	To-be 경영성과급 지급률				
	S	A	B	C	D
지급률	1.4배	1.2배	1.0배	0.8배	0.7배

4) 변화관리

임금체계 개편 이후 [그림 5-7]에서 보듯이 고성과자들이 성과에 따라 상위직급으로 올라갈 수 있음과 동시에 더 높은 임금을 지급받을 수 있었습니다.

개편 첫 해부터 외부인력 영입과 관련하여 많은 금액을 절감하면서도 시장에서 강력한 고용브랜드를 유지할 수 있었는데, 이는 본래 B사가 가진 브랜드의 안정성뿐만 아니라, 성과에 따라 급여가 대폭 상승될 수 있음을 집중적으로 전달했기 때문이라고 판단됩니다.

역할에 따라 4단계 역할등급 체계로 단순화함으로써 승진 적체나 승진 스트레스를 완화시키는 한편, 성과에 몰입할 수 있는 환경을 조성하였고, 등급별 밴드 설정으로 보상 차별화를 효과적으로 운영할 수 있었습니다.

[그림 5-7] 고성과자에 대한 보상 차등 비교

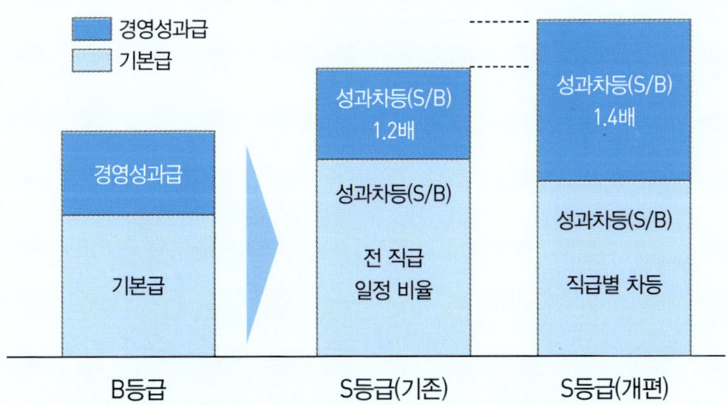

3. C사

1) 배경 및 필요성

C사는 글로벌 모기업의 계열사로 편입되면서 아시아 지역 내 생산량을 배정받아 중국, 베트남 등과 경쟁하게 되었습니다.

당시 C사는 직능에 따라 직급 및 임금이 결정되고 있었으며, 역할 변동 없이도 연공이 상승함에 따라 인건비가 지속적으로 상승하는 구조로 운영되고 있었습니다. 이에 인건비 수준이 다른 나라의 공장보다 높을 수밖에 없었고, 그로 인해 배정 생산량이 계속적으로 감소하여 중장기적으로 경쟁력을 확보하기 위해서는 반드시 임금체계를 개편해야만 했습니다.

제도의 방향성은 글로벌 C사의 인사정책을 근간으로 삼았습니다. 이는 글로벌 C사가 전 세계 시장에서 좋은 평가를 받고 성과를 내고 있었

[그림 5-8] 글로벌 모기업 인사정책

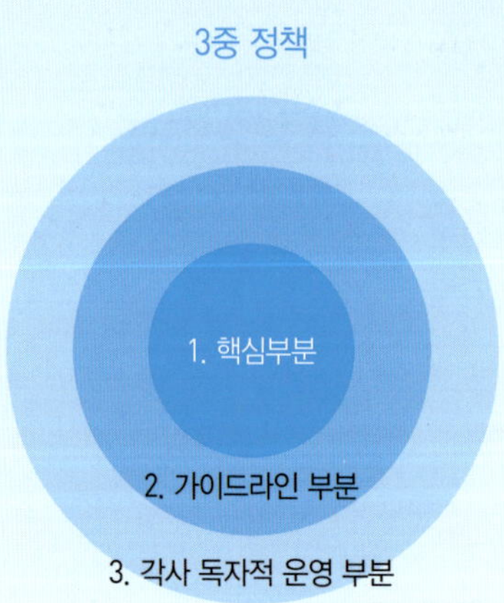

1. 핵심부분: 그룹 공통
   - 역할등급
   - 일반직 임금체계
   - 직무평가
2. 가이드라인: 기준 내에서 각 사 검토
   - 임금 수준
   - 일반직 직무급 형태
   - 승급 방식 등
3. 각 사에서 독자적 결정
   - 평가제도
   - 승급 구조
   - 기타 인사제도

으며, 문화가 다른 지역에서도 글로벌 모기업의 시스템이 잘 운영되고 있었기 때문이기도 합니다.

글로벌 모기업이 보유하고 있는 인사정책 중 전 계열사가 공통적으로 가져가야 하는 정책은 역할등급과 일반직 임금체계, 직무평가였습니다. 나머지 부분들은 일부 가이드라인을 핵심부분의 기준에 따라 각 사가 유연하게 적용할 수 있었습니다.

2) 직급 및 등급제도

일반사원(사원~대리)의 경우, 기존 직급체계를 준용하여 역할등급을 부여합니다. 따라서, 일반사원은 승진체계에 따라, 승진시험 합격 여부에 따라서 직급이 상승되게 되며, 해당 직급에 따라 임금이 결정되는 구조입니다.

간부사원(책임 이상)은 역할급제도 운영원칙에 따라 직책보임 여부에 따라 역할등급이 변화되고 이에 따라 기본급 수준이 결정됩니다.

즉, 직책을 맡고 있지 않다면 ME 등급에 해당되며, 갑자기 본부장으로 부임하는 경우는 ME에서 M3까지 역할등급이 일시에 상승할 수 있는 구조입니다. 반대로 팀장에서 보직이 해제될 경우, M2에서 ME로 등급이 내려갈 수 있게 됩니다. [그림 5-10]을 참고하시기 바랍니다.

3) 보상제도

C사는 전 사원을 대상으로 수행하는 업무를 평가한 후, 직급에 맞는 역할을 부여하고 그 역할에 따라 임금수준이 결정되도록 하는 역할급 제도로 설계하였습니다.

기존 직능급 임금체계상 기본급, 고정상여, 성과상여로 구성된 구조를 기본급, 상여기본액, 상여개인업적가산액으로 변경하였습니다.

[그림 5-9] 보상구조 및 결정요소

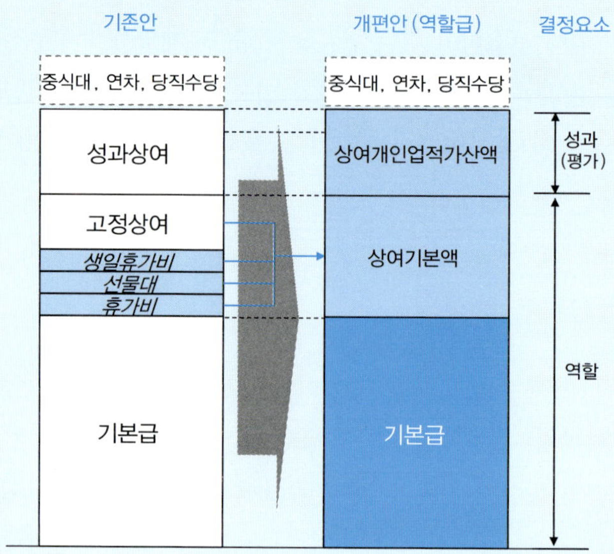

또한 그동안 통상적으로 지급되었던 생일휴가비 및 선물대, 휴가비는 상여기본액으로 통합하였으며, 기타 중식대, 연차, 당직수당은 기존과 동일하게 유지하였습니다.

(1) 기본급 결정: 역할등급을 반영한 급여밴드

역할등급에 따라 기본급이 결정되며, 역할등급이 낮아질 경우 그에 따라 임금이 감액되고 역할등급이 상승하는 경우는 임금이 상승하는 구조로 설계하였습니다.

일반사원(사원~대리)의 경우, 기존 직급체계를 준용하여 역할등급을 부여하고 있으므로, 일반사원은 기존 직급에 따라 임금이 결정됩니다.

간부사원(책임 이상)은 역할급제도 운영원칙에 따라 직책보임 여부에 따라 역할등급이 변화되고 이에 따라 기본급 수준이 결정됩니다.

또한 각 역할등급별 상·하한선을 설정하여 밴드로 관리함으로써 동일한 범위 내에서 보상이 이뤄지도록 하였습니다.

상여기본액은 역할등급과 급여밴드 내 위치에 따라 그 크기가 결정됩니다. 즉 역할등급이 커질수록, 급여밴드 내에서 급여의 위치가 상단에 근접할수록 상여금의 크기가 커지게 되는 구조입니다.

(2) 기본급 인상: Merit Increase

기본급은 평가등급에 따라 5단계(E-A1-A2-A3-B)로 차등 인상되며, 중

〈표 5-4〉 기본급 인상방안 (X%=평균인상률)

구분	E	A1	A2	A3	B
실제 기본연봉 인상률	X+2%	X+1%	X%	X−1%	X−2%

[그림 5-10] 기본급 체계

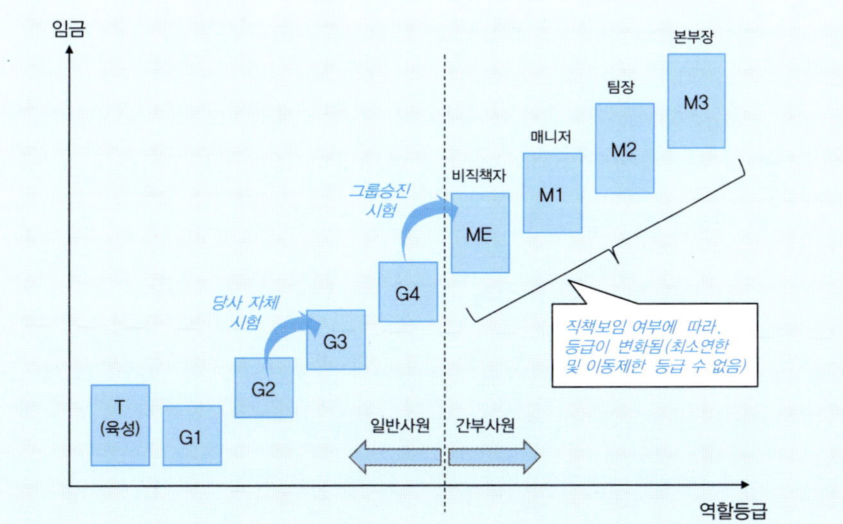

[그림 5-11] 상여기본액 산정 방식

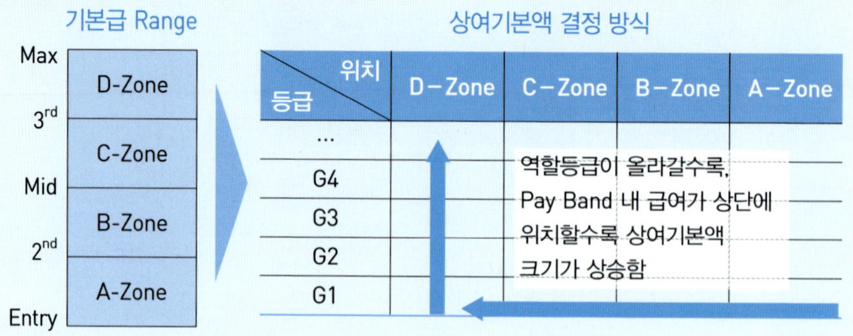

간등급을 받을 경우 기본인상률을 적용하고, 등급 간 1%의 차등을 두어 적용하고 있습니다.

역할등급 전환 시에는 원칙적으로 급여의 변화 없이 수평이동하나, 해당 역할등급의 급여밴드 하한값보다 낮은 경우는 밴드 하한에 맞추어 임금을 지급하도록 합니다.

(3) 상여개인업적가산액 지급 방안: 역할-평가 Matrix

상여개인업적가산액은 역할등급과 인사평가등급에 따른 Matrix에 의해서 지급되며, 역할등급이 상승할수록 절대금액뿐만 아니라, 총액에서의 비율이 증가합니다.

(4) 인센티브: 전사성과급

전사성과 목표를 달성할 경우, 사업부 평가와 개인 평가결과 Matrix에 따라서 기본급 대비 성과급의 지급 비율을 결정합니다.

성과급은 사업부 성과에 보다 많은 가중치가 부여되어 있으며, 이에 따라 직원들의 팀-사업부 협업을 유도하고 있습니다.

[그림 5-12] 상여개인업적가산액 지급 방식

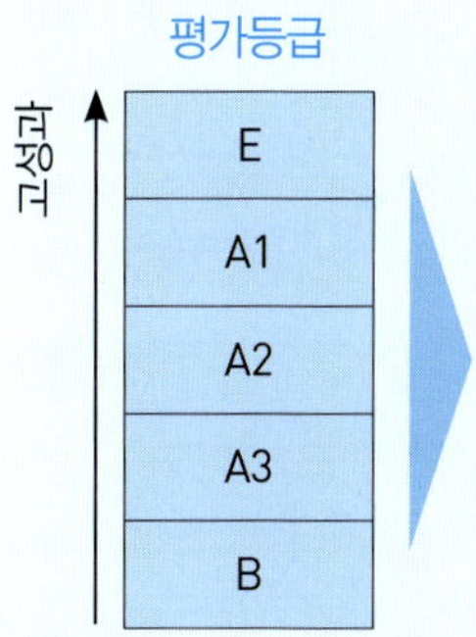

상여개인업적가산액 결정 방식

등급 \ 평가	E	A1	A2	A3	B
…					
G4					
G3		구체적 수치는 생략			
G2					
G1					

4) 변화관리

구성원 동의를 얻기 위하여 설명회를 10여 회 개최하였고, 직원들에게 현재 경영환경과 경쟁력 확보를 위해 임금개편이 불가피함을 지속적으로 설득하였습니다.

최초 운영 시, 구성원 변화관리 및 수용도 제고 차원에서 기존안보다 차등폭을 줄여 운영하였으며, 이후 회사 성과 및 조직 운영에 따라 차등폭을 점진적으로 조정하면서 운영의 묘를 살리고 있습니다.

또한 매년 직급, 직군별로 제기되는 의견을 수렴하여 제도를 정교화하고 있으며, 현재 연구직 및 서비스엔지니어 직군의 특성을 고려한 별도의 임금체계를 운영하고 있습니다.

C사는 역할급제를 시행한 후, 아시아 지역 내 타국 계열사와 경쟁할 수 있는 내부 기초를 다질 수 있었다고 자체 판단하고 있습니다.

역할에 따라 임금이 책정됨에 따라, 현재 기업의 사업 및 규모에 최적화된 조직을 기반으로 직책자를 관리함으로써 인건비 총액을 관리할 수 있습니다.

또한 직원들이 기존 연공서열 중심으로 승진에 매달리지 않고, 본인이 상위 역할을 맡기 위하여 자발적으로 경력개발을 노력하는 등의 동기부여가 되고 있다는 것도 큰 효과라고 볼 수 있습니다.

다만, 간부직원을 중심으로 직책 수가 한정되어 있어 직무이동 또는 승진에 대한 불만 의견이 종종 제시되고 있는데, 이는 경력개발을 위한 이동배치 및 직책연한제를 통하여 역할등급의 상승 기회가 지속적으로 제공될 수 있도록 조정하여 운영함으로써 해소하고 있습니다.

마무리하는 글

저희가 책을 마무리하는 중에 세기의 대결이라는 이세돌과 알파고의 바둑 경기가 있었습니다. '인간'이 '기계'에게 내리 3패하는 모습을 보며, 그리고 다시 혼신의 1승을 거두는 모습을 보며 여러 생각이 들었습니다. 세상을 바라보는 다양한 렌즈 중에서도 저는 '일자리'와 '임금'(저 같은 컨설턴트에게는 '보상(Compensation)'이란 용어가 더 익숙하지만)의 관점이 먼저 떠올랐습니다. 평소 '로봇과 경쟁해서는 안되고, 로봇이 못하거나 로봇을 통제하는 일만이 점차 살아 남게 될 것이란 예측을 해 왔습니다. 이 바둑 이벤트를 챙겨보다 보니, 인간이 전혀 원하지 않지만 로봇에게 일자리들을 대폭 넘겨 주어야만 하는 세상은 생각보다 일찍 도래할 수도 있겠다는 생각도 듭니다.

에피소드 하나, 15년 전 쯤 ERP HR 컨설턴트로 활동할 때에 재무회계 모듈의 컨설턴트분이 어두운 표정으로 이야기했던 바가 기억납니다. [지금 이 모듈을 이 회사에 도입하면, 방문판매 매출 집계의 효율성과 신속성, 정확성은 급상승하겠지만, 전국의 지점에서 전표를 수기로 입력하는 200명의 여직원들은 회사를 떠나야 할 것]이라고 했었습니다.

에피소드 둘, 프로젝트를 하다 보면, 제조업 현장에 들어가 보게 됩니다. 불꽃 튀는 제강 현장이나, 고무 찌는 매캐한 냄새의 현장이나, 수작업 조립이 한창인 현장이나, 청결하기 짝이 없는 제약 현장 등 다양합니다. 2000년에 들어갔던 한 국내 회사의 현장은 1인이 양 옆의 기계 2대를 3조 3교대로 책임지는 시스템이었습니다. 동일한 산업에서 최근의 새로운 국내 공장에서는 그 기계를 좌우에 10대씩 늘어 세우고 복도에서 1명이 4조 3교대로 책임지고 있었습니다. 물류에 있어서도 무인 시스템이 갖춰져 있었고, 운전자도 필요 없었습니다. 사람이 근접하면 자동으로 멈춰 섰습니다.

에피소드 셋, 새로운 제조 공장을 본사에서 아주 동떨어진 오지에 지으면서 해당 주변에는 숙련된 인력이 없다며 우려를 표명한 회사가 있었습니다. 기존 공장의 고참 숙련 인력조차도 [정상화되려면 한참 걸린다(예를 들면 1년)]며 어두운 전망을 내놓았습니다. 다만, 새 공장이었던 만큼 설비들은 정말 최신식이었습니다. 주변 지역의 청년들을 끌어모아 훈련을 시키고 드디어 시운전에 들어갑니다. 그런데 우려와는 달리 정말 빠른 시간 내에 물량이 나오고, 생산이 안정화되었습니다. 국내에 새로 들여온 외국산 신규 설비들은 철저히 사용자 친화적으로 만들어져 있고 아이패드의 사용법과도 유사하여 신입 생산직들이 금방 익숙해졌다고 합니다. 심지어 이 청년들은 화면만 보고도 아래의 버튼을 능숙하게 눌러 대며 조종을 하는데, 본사에서 이동발령되어 온 고참 숙련 인력들은 '화면 한번 보고, 버튼 한번 누르고, 화면 한번 보고, 버튼 한번 누르고'를 반복하면서 오히려 속도면에서 느렸다고 합니다.

약간만 리서치를 해 보더라도 — 사실은 위험 신호를 알리는 기사들이 먼저 인터넷상에서, 혹은 모바일폰에서 클릭을 기다리고 있지만 — 금융업계의 로보 어드바이저(골드만삭스의 켄쇼), 언론사의 로봇 기자(AP통신의 워드스미스, LA타임즈의 퀘이크봇), 물류 로봇(아마존의 키바), 법률상담의 로봇, 의료계의 로봇 등등 구체적 사례들이 우리에게 일자리와 관련하여 훌쩍 다가온 위기를 알려 줍니다.

세계경제포럼(WEF)의 연차총회(다보스포럼)에서 나온 '일자리의 미래' 보고서에서는 [향후 고용 분야에서 기업이 구직자에게 요구하는 직무는 지금과 크게 달라질 것이고 변화 속도도 전례 없이 빨라질 것이다. 가장 큰 영향을 받을 불안정한 산업으로는 금융(기술의 안정성 57%), 인프라·건설(58%), 운송·자동차(61%) 분야가 꼽힌다. 반면 미디어·엔터테인먼트(73%), 소비재(71%) 등이 안정적인 편으로 꼽힌다]고 하였습니다.

이런 소식들을 접하다 보면, 기업의 외부환경을 분석할 때 사용하는 기본적인 분석 툴인 PEST 기법 중, 갑자기 [기술적 환경]이 크게 대두된 느낌입니다. 하지만, [사회문화적 환경]하에서 대한민국에 들이닥칠 고령사회(2017년 예상), 초고령사회의 현실화(2026년 예상)에 대한 대비는 여전한 중요성을 갖습니다. 이 환경 속을 살아가는 우리는 '사람'이기 때문입니다. 따라서, 복잡한 외부 환경, 치열한 경쟁하에서 '기업경쟁력은 제고하고, 고용안정은 확보하고, 일자리를 증가시킬' 방안이 필요합니다. 취업을 통한 운동장(Play Ground)에 등장조차 못해보는 단군 이래 최대 스펙인 대졸자들에게도, 기업 내에서 사무직, 생산직 불문 중추적인 역할을 담당하고 있으나 인건비 부담을 이유로 명예퇴직을 걱정해야 하는 장년들에게도 변화가 필요합니다. 고용과 부가가치를 창출하는 것은 기업이고, 일하고 돈을 벌게 하는 것도 사람입니다. 그동안 한국 기업들이 도입해 왔던 '성과연봉제'조차도 연공성에 따라 임금 수준이 급히 상승해 왔다는 평을 듣고 있습니다. 계속 이 추세를 이어 나갈 수 있다면 정말 좋겠지만, 저성장 시대, 고령화 시대를 정면으로 맞이하게 되는 상황에서는 훌륭한 성과연봉제의 콘셉트에서도 '연공성 완화'를 더 가미해야 합니다. 그 일환으로 오랫동안 주창되어 온 것이 직무급이었습니다. 직능급으로는 연공성 제거가 어렵다는 것이 중론이고, 일본식의 역할급이 한국에서 주목 받기 시작한 것은 얼마 되지 않습니다.

기본급을 결정하는 요인을 중심으로 했을 때, 향후의 방향성을 '직무급이냐, 역할급이냐'하는 논쟁은 사실 큰 의미가 없다고 봅니다. 한국의 현상황에서 기업의 경쟁력, 고용안정, 일자리를 확보하기 위해 '임금에 있어서의 연공성 완화, 탈색'을 가능하게만 한다면 어떤 것이 되었든, 해당 기업에 적합하면 될 것이라고 봅니다. 어느 한쪽을 일방적으로 선택할 필요도 없으며, 임금체계는 수단이 되어야지 목적이 되어서는 안 됩니다.

다만, 우려되는 바는 있습니다. 고용노동부의 [2015년도 임금제도실태조사]에서는 직무급에 대한 경험적 지표로서 직무평가의 실시, 직무평가의 주체와 방법, 직무재평가의 실시 여부, 시장임금에 의한 임금조정을 조사하는 등 임금체계를 보다 정확하게 파악하도록 조사 방식을 변경하였고, 그 결과, [전체 직무급의 비중은 최소 2.9%에서 최대 5.3%로 추정된다. 대체적으로 직무급이 5% 내외를 차지한다고 할 수 있다]고 하였습니다. 오랫동안 '직무성과 중심의 임금체계'를 계속 주창하면서도 실제 한국 기업에서의 도입 상황이 위와 같다면, 구호와 현실 간에는 실로 엄청난 격차가 있는 셈입니다. '왜 직무급 도입이 안될까' 원인분석에 대한 연구는 정말 많이 이루어져 왔습니다. '직무분석이 어렵다. 직무평가가 어렵다. 시장임금이 확보되어 있지 않다'. 이를 통칭하여 '인프라가 갖추어져 있지 않다' 등등…

정말로 직무급의 도입이 그토록 어렵다면, 이제는 '역할급이 무엇인가'에 대한 논의도 해 보고, 본격적으로는 '한국 기업에 적용할 수 있을 것인가? 한국 내 기업 중에 이미 적용하고 있는 기업(예를 들면, 직무급을 도입하였다가 역할급으로 전환한 기업)은 없는가? 도입을 위한 방법론은 어떠한 것이 있는가? 법제도상의 문제점은 없는가?' 등의 논의도 시작할 수 있을 것이라 생각합니다. 임금체계의 전환뿐 아니라 선행적인 작업으로서의 직급체계(사원등급제도라고도 합니다) 전환부터 전반적으로 함께 고려하여야 할 것입니다. 2015년부터 일기 시작한 한국 기업에서의 직급통합의 추세도 실질적인 역할단계에 따라 나타나는 현상이라 하겠습니다.

그 차원에서 본서를 더 늦기 전에 내어 봅니다. '한국형 역할급'이 되었든, '한국형 임금체계'가 되었든 실제적으로 사용되어 기업 단위에서 효과를 볼 수 있다면, 그리고 이 책이 그 초석이 될 수 있다면 진심으로 다행이겠습니다. 한국기업에서의 사례들을 더 확산, 발굴하고, 본 책도 더 수정 보완하여 나가도록 하겠습니다. 이후에도 많은 논의가 이루어지길 바랍니다.

참고문헌

김광민, '직능급과 역할급의 효용성', 월간인사관리, 2014.5.

김광우, '역할을 근간으로 하는 역할요건제도', 월간인사관리, 2014.11.

김동배, '일본의 임금체계 개편 사례', 대한상의, 2014.11.

신재욱, '연공급의 대안 중 하나, '역할급'', 월간인사관리, 2014.4. 신재욱, '역할급 설계하기', 월간인사관리, 2014.10.

신재욱, '역할급이란 무엇인가?', 월간인사관리, 2015.2.

신재욱, '일본기업과 한국기업의 역할급 설계 및 운영사례', 월간인사관리, 2015.3.

신재욱, '역할등급의 설계방법', 월간인사관리, 2015.4.

신재욱, '역할급의 유형과 설계방법', 월간인사관리, 2015.5.

신재욱, '임금체계 개편 사례와 성과', 임금컨퍼런스, 2015.3.

신재욱, '일터혁신과 임금체계', 일터혁신 세미나, 2014.11

신재욱, '정년 60세 시대 역할등급을 활용한 직급체계 개선방안', 한국경영자총협회, 2016년 봄호.

안종태·오학수·안희탁·박희준·윤동열·성상현·박우상·유규창·김동배, 『정년 60세 시대의 인사관리 이렇게 준비하자』, 호두나무, 2014.2.

안희탁, '왜 일본은 역할급인가', 월간인재경영, 2015.3.

에프엠어소시에이츠, 『임금체계 개편 사례집』, 고용노동부, 2015.2.

에프엠어소시에이츠, 『2007 임금체계 개선 가이드북』, 노동부, 2007.

유규창, '한국기업의 임금체계: 직무급이 대안인가?', 월간노동리뷰, 2014.2.

이시다 미츠오, '일본의 임금체계 개편 현황과 개편과정에서의 노사의 역할'. 외국의 임금체계 비교를 통한 국내 임금체계 개편 방향, 노사발전재단, 2014.5.

임금실무연구회 자료, 노동연구원, 2014, 2015.

임금체계개편 민관네트워크 자료, 노동연구원, 2015.

장년고용포럼 자료, 고용노동부, 2013, 2014, 2015.

2015 임금연구회, 『2015 임금보고서(임금체계의 이해: 역사와 통계조사)』, 경제사회발전노사정위원회, 2016.2.

石田光男, '賃金制度改革の着地点', 2009.9.

石田光男 樋口純平.『人事制度の日米比較―成果主義とアメリカの現實』, ミネルヴァ書房, 2009.

梅本迪夫,『少子高齢化時代を生き抜く賃金評価制度の構築』, 日本生産性本部生産性労働情報センター, 東京官書普及, 2013.8.

梅本迪夫,『新時代に相応しい自律型役割給・実績給の構築, 自ら役割を設定し達成実績で決まる月決め賃金制度の設計』, 2011.7.

日本経団連事業サービス人事賃金センター,『役割・貢献度賃金―成果主義人事賃金制度の再設計』, 2010.4.

西村聡, 三浦眞澄,『役割等級人事制度導入・構築マニュアル』, 2010.9.

元井 弘,『役割業績主義人事システム』, 2009.9.

'特別企画―賃金､評価制度の現状と課題', Business Labor Trend, 2010.3.

黒田兼一, '日本の賃金制度改革をめぐる最近の論議一成果主義賃金､役割給をめぐって一', 明治大學社會科學研究所紀要, 2011.

【저자소개】

신재욱申宰旭

서울대학교 경영학과 학사/석사(인사조직 전공)
고려대학교 경영학과 박사 수료(전략 전공)

정보통신정책연구원(KISDI)
PricewaterhouseCoopers
IBM Business Consulting Service
現 FMASSOCIATES 대표 컨설턴트

jwshin@fma-consulting.com
010-6823-0526
02-720-6336

김광우金光佑

고려대학교 경영학과 학사
서울대학교 대학원 경영학과 석사 과정

서울대학교 경영연구소 Researcher
현대증권 상해사무소
Nemo Partners HCG
現 FMASSOCIATES 부사장

kwkim@fma-consulting.com
010-6789-0815
02-720-6336

공생을 위한 인적자원관리
역할급 설계방법과 사례

초판 인쇄 2016년 4월 5일
초판 발행 2016년 4월 15일

지은이 신재욱 · 김광우
펴낸이 박노일

총괄기획 김중용
편 집 심성보

펴낸곳 pnc publishing and culture 피앤씨미디어
경기도 고양시 일산동구 강송로 153 310-1501
등록 제396-2012-000203호
전 화 070)7550-3758 팩 스 02)718-8554
홈페이지 www.pncmedia.co.kr 이메일 pnc@pncmedia.co.kr
ISBN 979-11-5730-255-0 03320

정 가 15,000원